대치동을 이기는
엄마표 영어

대치동을 이기는 엄마표 영어

0~13세 영어, 이렇게 하면 실패하지 않는다!

초 판 1쇄 2024년 07월 16일
초 판 2쇄 2024년 07월 23일

지은이 원희정
펴낸이 류종렬

펴낸곳 미다스북스
본부장 임종익
편집장 이다경, 김가영
디자인 임인영, 윤가희
책임진행 이예나, 안채원, 김요섭

등록 2001년 3월 21일 제2001-000040호
주소 서울시 마포구 양화로 133 서교타워 711호
전화 02) 322-7802~3
팩스 02) 6007-1845
블로그 http://blog.naver.com/midasbooks
전자주소 midasbooks@hanmail.net
페이스북 https://www.facebook.com/midasbooks425
인스타그램 https://www.instagram.com/midasbooks

ISBN 979-11-6910-726-6 03370

값 **19,000원**

미다스북스는 다음세대에게 필요한 지혜와 교양을 생각합니다.

대치동을 이기는 엄마표 영어

원희정 지음

WINNING ENGLISH

교육계 20년
엄마표 영어 8년
전문가의 비법

초등 영어
코칭&마인드셋
특급 레시피

네 마리 토끼
소통·수행·내신·수능
다 잡는 비밀

미다스북스

추천사

의사소통이 안 되는 영어는 이제 의미 없는 시대입니다. 이 책을 읽으면서 영어 유치원, 영어 학원 안 가도 영어를 정복할 수 있다는 희망이 생겼습니다. 엄마표 영어의 A부터 Z까지 모두 담긴 백과사전 같은 안내서이자, 영어로 고민인 부모들은 꼭 읽어봐야 하는 바이블 같은 책입니다.

– 산곡여중 영어교사 김혜원

책 가운데 길이 있다. 이 책을 읽다 보면 슬며시 다가올 말이 아닐까 생각합니다. 사교육으로 점철된 현대 육아에서 가정 교육으로 자녀의 영어를 꾸준히 성장시킬 수 있는 확실한 방법이 이 안에 담겨 있기 때문입니다. '영어를 모국어처럼 접하는 환경에서 자라는 아이를 과목으로 터득하는 아이가 이길 수 없다'는 명제가 실현되는 과정에서 느끼는 부모의 승리감을 무엇으로 비교할 수 있을까요. 이 책은 어떤 교육 방법이 맞는지 더듬어 갈 수밖에 없는 부모들에게 훌륭한 지침서가 될 것입니다.

– 청덕중 역사교사 유아름

『대치동을 이기는 엄마표 영어』에는 영어에 자신이 없는 '영잘못' 엄마도 쉽게 도전하고, 함께 성장해 나갈 수 있는 실용적인 가이드가 담겨 있습니다. 특히 영어를 배우는 과정에서 아이들의 영어 자신감과 자존감을 높일 수 있는 소통법까지 담겨 있어, 배움의 설렘과 즐거움을 안겨줄 것입니다. 『대치동을 이기는 엄마표 영어』를 통해 영어 교육을 넘어, 부모와 자녀가 함께 성장하고 자존감을 높이는 소중한 시간이 되길 바랍니다.

– 前 아나운서, 『룰루랄라 어린이 스피치』 저자, 세이스피치앤커뮤니케이션 대표 서차연

우리는 영어를 말할 때 머릿속으로 우리말을 영어로 먼저 바꾸고, 또 문법에 맞는지 확인한 후에 비로소 말을 합니다. 내 아이들은 영어로 바로 생각하고 말할 수 있게, 학습이 아닌 습득하게 하고 싶어서 엄마표 영어를 시작했습니다. 엄마인 나에게는 '마음공부를 하는 과정'이며 아이들에게는 '영어를 습득하는 과정'입니다. 우리가 흔히 말하는 영어의 '감'을 만드는 최선의 방법이라고 생각하기에 오늘도 노력합니다.

– 초등학교 영어교사 강희숙

두 아이를 '엄마표 영어'로 키웠습니다. 처음에는 반신반의했지만, 아이들의 실력이 날로 성장하는 것이 보였습니다. 그것이 가능했던 것은 원희정 원장님의 전문적인 코칭 덕입니다. 시간이 쌓이자 물 흐르듯 자연스럽게 영어로 말하고 쓰는 아이들을 보며, '엄마표 영어'의 저력을 몸소 느꼈습니다. 이 책에는 저자가 수많은 아이를 가르치며 쌓아온 '엄마표 영어'의 정수가 고스란히 담겨 있습니다. 영어로 내 아이의 무한한 잠재력을 키워보고 싶다면, 더 늦기 전에 이 책을 읽길 권합니다.

– 엄마표 영어 5년 차, 前 〈EBS 지식채널e〉 작가, 「할머니 이야기를 들려주세요」 저자 은정아

목차

목차

2장

엄마표 영어, 엄마 손에 달려 있다

목차

3장

엄마표 영어, 무조건 성공하는 8가지 방법

목차

4장

엄마표 영어로 대치동 이기는 6가지 방법

목차

5장

엄마표 영어로 아이의 인생을 바꿔라

부록

에필로그

영어로 고민하는 부모에게
길잡이와 희망이 되고 싶다

세계적인 미래학자 앨빈 토플러가 한국에 왔을 때 남긴 뼈아픈 메시지가 있다.

"상자 밖에서 생각하라."

한국의 교육 제도를 바꿔라. 한국 학생들은 하루 10시간 이상을 학교와 학원에서 자신이 살아갈 미래에 필요하지 않을 지식과 존재하지도 않을 직업을 위해 귀중한 시간을 낭비하고 있다.

"한국이 세계를 이끌려면 상상력과 창의력을 키워야 한다."

교육은 언제나 미래학이다. 21세기에 더 이상 주입식 교육은 도움이 되지 않는다. 한국에서 가장 이해할 수 없는 것은 교육이 퇴보하고 있는 것이다. 10~20년 사이에 기존의 직업은 거의 50% 사라진다. 우리 자녀 세대는 평생 5~10개의 직업을 가지게 될 것이다. 교육은 눈앞에 펼쳐진 현실이 아니라 미래에 대한 준비를 담아야 한다.

'한국 아이들은 왜 사교육을 의무 교육처럼 받고 있을까?'

'영어 유치원은 꼭 보내야 할까?'

'영어 학원은 언제부터 보내야 할까?'

'고3까지 공부해도 수능 1등급 보장이 안 된다는데!?'

'옆집 아이는 영어 유치원 보낸다는데 나도 보내야 할까?'

잠이 오지 않는다.

영어뿐 아니라 수학도 해야 하는데 마음이 복잡하다.

영어, 수학, 논술, 미술, 피아노, 바이올린, 태권도, 수영, 축구, 발레, 코딩….

해야 할 것이 너무 많다. 어느 것 하나 뺄 수가 없다. 다 필요한 것 같다.

그나마 아이가 한 명이면 다행인데 둘째, 셋째까지 있는 집은 마음도 머리도 혼란스럽다. 대한민국 출생률 저하에 사교육비가 한몫 톡톡히 했다 해도 과언이 아니다. 모든 아이가 영재 천재 소리 듣는 것도 아니고 명문대 합격도 보장되지 않는데 남들이 하니까 그냥 한다.

한 달 열심히 고생해서 번 돈을 제대로 써보지도 못하고 사교육에 고스란히 바쳐야 하는 현실이 우울하다. 새벽별 보며 출근하고 저녁달 보며 퇴근해도 사교육비 감당이 쉽지 않다.

부모가 중심이 없으면 소중한 돈을 곶감 빼먹듯 슬슬 남의 주머니에 넣어주어야 한다. 내 주머니는 비고 남의 주머니는 채워진다. 돈만 없어지는 것이 아니다. 아이의 시간도, 가족의 추억도 모두 사라진다.

'아이는 시간이 없고 부모는 돈이 없다.'

나도 여느 엄마들처럼 영어 고민으로 잠 못 이루던 때가 있었다. 첫째가 초4를 앞둔 시점이었다. 우수한 아이들이 많은 학군지로 이사 가면서 본격적으로 영어를 배워야 한다는 절실함과 절박감이 밀려왔다. 이제 고학년에 접어드는 시점이라 걱정이 스멀스멀 올라왔다. 고민 끝에 나는 유명한 C어학원의 문을 두드렸다. 첫째는 언어 영역이 남다르고 학업 성적도 좋았다. 교육청 영재원에 합격해서 자신감과 자존감이 하늘을 찌를 듯 높은 시기였다.

대치동을 이기는 엄마표 영어

그러나 영어 현실은 달랐다. 학원 테스트가 끝나자 거의 울상이 되어 나왔다. 꽤나 충격을 받은 모양이었다. 한참 어려 보이는 동생들이 자기보다 문제를 더 잘 풀었다는 것이다. 그날의 충격은 욕심 많은 첫째에게 강력한 동기부여가 되었다.

첫째가 초4에 영어를 시작한 이유는 그전까지 본인은 영어의 필요성을 모르겠다며 한사코 거부했기 때문이다.

'언어 감각이 빠른 아이니 금방 배울 거야.'

내심 안일한 생각에 슬그머니 뒤로 밀어 두었다. 첫째는 처음 수업을 받고 온 날, 원어민 수업이 재미있다고 했다. 천만다행이었다. 빡센(힘든) 학원 과제를 엄마의 도움 없이 혼자 힘으로 해냈다. 몇몇 친구는 과제를 위해 과외까지 받는다는 소문이 있었다. 그리고 그 빡세다는 학원에서 3개월마다 레벨업을 했다. 강사님 말로는 전무후무한 사례라고 했다. 아이에게 강력한 동기부여가 있었고, 또한 성실했기 때문에 가능했던 일이다. 그런데 학원의 레벨이 올라갈수록 교재는 대학 전공 서적만큼 두꺼워졌다.

어느 날, 첫째는 DVD를 보고 원서를 읽어야겠다고 말했다. 학원 수업만으로 한계를 느꼈던 것이다. 같은 클래스에서 원어민처럼 영어를 잘하는 친구들은 어려서부터 DVD와 원서를 보았다고 했다. 듣기(listening), 말하기(speaking), 읽기(reading), 쓰기(writing)를 잘하려면 필요한 과정이라며 부족한 부분을 스스로 채우려 했다. 특히 쓰기는 원서를 많이 읽어야 재료가 풍부해지고, 재료가 풍부해야 글의 완성도가 높아진다고 했다.

첫째는 DVD와 원서의 중요성을 알고 틈틈이 보려고 했다. 하지만 스스로 찾아서 보기 시작한 미드(미국 드라마)와 영어 소설은 꾸준히 진행되지 못했다. 영어를 단기간에 학습적으로 배웠기 때문에 DVD와 원서가 잘 이해되지 않았던 것이다. 이해가 잘 되지 않으니 재미가 없고, 게다가 시간까지 부족하다 보니 흐지부지되었다. 어마무시한 영어 학원 과제와 3시간 수업 이외에 다른 과목(특히 수학)도 공부해야 하니 시간이 부족했다.

첫째의 학습식 영어의 아쉬움을 느끼면서, 영어를 정복하는 방법에 대해 고민하기 시작했다. 그러다 드라마틱하게 엄마표 영어를 만났다.

'엄마표 영어? 이런 게 있어?'

바야흐로 첫째가 중2, 둘째가 초4 때였다. 둘째는 시험 대비가 아닌 의사소통이 자유로운 아이로 키우고 싶었다. 엄마표 영어는 바로 내가 원하던 방식이었다. 가슴이 요동치기 시작했다. 이렇게 둘째는 엄마표 영어를 시작하게 되었다. 둘째가 성장하는 모습을 보면서 첫째에게 미안한 마음이 커졌다. 엄마표 영어의 효과를 경험할수록 마음의 요동은 더 강해졌다. 첫째가 엄마표 영어를 했다면 '영어 신동 소리 듣지 않았을까?' 나는 팔불출 엄마이다. 언어가 빠른데 학습식으로 접근한 첫째와 언어가 느린데 습득식으로 접근한 둘째의 결과에서 확연한 차이를 느꼈다. 그리고 영어는 언어이기 때문에 제대로 된 방법과 방향으로 나아가야 성공할 수 있다고 확신했다.

아직도 첫째 때 엄마표 영어를 몰라서 못 해주었던 아쉬움이 진하게 남는다. 언어 감각이 남다른 아이였는데 제대로 능력 발휘를 못 해준 것 같아서 마음이 쓰인다.

아이를 양육하다 보면 늘 아쉬움과 후회가 남는다. 나의 경험을 토대로 영어의 골든타임(golden time)을 절대 놓치지 말라는 간절한 마음에서 이 책을 출간하게 되었다. 엄마표 영어의 책이 시중에 넘쳐나고, 성공 사례도 제법 많다. 하지만 자신의 아이에게만 포커스가 맞추어져 있고 성공 사례가 주관적이다. 그러다 보니 객관적인 정보가 부족하고 누구에게나 적용 가능한 보편적인 방법이 아니다. 심지어 잘못된 정보도 있다.

나는 영어로 고민하는 모든 부모에게 정확한 방법과 방향을 알려주는 길잡이가 되고 싶다. 영어 때문에 힘들어하는 아이에게 희망이 되고 싶다. 소수의 성공 사례가 아닌 수백 명의 다양한 아이들을 코칭하며 성공시킨 나만의 핵심 노하우를 아낌없이 나누려고 한다.

　나처럼 시행착오 거치지 말고, 영어 고민은 이제 내려놓으라고…….

대치동을 이기는 엄마표 영어

엄마표 영어,
이것이 궁금해요

엄마표 영어란?

집에서 영어 소리 노출을 통해 모국어처럼 영어를 구사하는 아이로 성장시키는 방법이다. 모국어를 배운 방식 그대로 수년 동안 영어 소리에 노출을 해주면 자연스럽게 영어를 습득할 수 있다. 영어 노출은 DVD(영상물), 영어책(원서)을 기본으로 한다. 엄마는 영어 환경을 만들어줄 뿐 영어를 직접 가르치는 것은 아니다. 그렇기 때문에 지레 겁먹고 도망갈 필요 없다.

엄마표 영어의 중심은 엄마가 아니라 '아이'이다. 엄마의 역할은 아이가 흥미를 가지고 좋아하는 것이 무엇인지 세심히 관찰해서 찾아주는 것이다. 그리고 계속 관심을 가지고 응원해주는 것이다.

엄마표 영어에 필요한 3가지 마인드셋

첫째, 우리 아이의 눈높이에 맞추어라.

우리 아이를 있는 그대로 인정하고 받아들이는 자세가 필요하다. 아이의 기질과 성향을 여유 있게 바라보자. 다른 아이와 비교는 금물이다. 비교하는 순간 내 아이가 느려 보인다.

둘째, 나도 할 수 있다는 자신감을 가져라.

엄마표 영어는 영잘못(영어 잘 못하는) 엄마도 할 수 있다. 엄마는 아이를 '코칭(coaching)'하는 것이지 '티칭(teaching)'하는 것이 아니기 때문이다. 워킹맘도 할 수 있고 아빠도 할 수 있다. 누구든지 열정과 끈기만 있으면 아이를 영어 능통자로 만들 수 있다. 그러니 자신감을 가져라.

You can do it.

셋째, 아이를 느긋하게 기다려주자.

거북이처럼 느린 아이도 결국 성장한다. 단지 속도의 차이만 있다. 아이가 성장하는 동안 무조건 기다려주어라. 마음을 비우고 시간의 탑을 쌓으면 기적과 같은 시기가 반드시 온다.

엄마표 영어를 실천하는 3가지 방법

아이가 좋아하고 흥미 있어 하는 DVD를 골라서 무자막으로 보여주어라.

DVD는 진짜 살아 있는 영어 표현을 익히고 어휘를 폭넓게 확장할 수 있는 최고의 교재이다.

원서의 음원(오디오 소리)과 문장(단어)을 맞추어가며 집중해서 듣는 것이다.

영어의 리듬과 억양을 익히고 글자에 익숙해지는 과정이다.

집 안의 배경 음악처럼 수시로 틀어주어라.

처음에 소음처럼 들리던 영어 소리에 익숙해지면 어느 순간 한국말처럼 들리는 순간이 온다.

엄마표 영어를 성공시키는 핵심 3가지

첫째, 꾸준함과 성실함

매일 꾸준히 그리고 성실하게 시간을 투자하라.

3,000시간이 차고 넘치면 영어의 4대 영역이 골고루 발달된다.

둘째, 무조건 칭찬하라

칭찬은 고래도 춤추게 한다. 아이가 아웃풋 할 때 물개 박수 치며 기를 팍팍 살려주어라. 부모의 칭찬은 아이의 영어 성장에 날개를 달아준다.

셋째, 하루의 루틴대로 진행하라

꾸준히 실천할 수 있는 작은 계획을 세워라.

그리고 매일 밥 먹고 양치하듯 생활의 일부가 되게 하라.

'과연 느린 아이도 성공할 수 있을까?'

'영어 학원은 정말 안 다녀도 될까?'

'파닉스는 선택인가? 필수인가?'

영어에 대한 고민이 끊이지 않는다. 전문가의 의견도 제각각이다. 도대체 어느 말을 믿어야 할지 선택하기 어렵다.

20년 가까이 사교육에 몸담았고, 8년 넘게 엄마표 영어를 컨설팅하고 있다. 그리고 두 아이의 엄마(첫째는 대학 졸업, 둘째는 올해 대학 입학)이고 그동안 전교권, 최상위권 아이들을 많이 배출했다.

영어를 정복하는 방법이 궁금한 부모에게.

영어를 가르치다 아이랑 관계가 나빠진 부모에게.

영어를 어떻게 완성시켜야 할지 고민인 부모에게.

영어 유치원이나 영어 학원을 다니다 지친 아이에게.

엄마표 영어를 어떻게 진행해야 할지 막막한 부모에게.

이 책을 읽으면서 영어에 대한 모든 궁금증이 해소될 것이다.

그리고 이 책을 덮는 순간 영어 정복의 희망이 보일 것이다.

일러두기
- 이름은 개인 정보 보호 차원에서 가명으로 사용한다.
- 엄마와 부모는 동일한 의미로 사용한다. (엄마 = 부모)

엄마표 영어의 중심은

엄마가 아니라 '아이'이다.

엄마의 역할은 아이가 흥미를 가지고

좋아하는 것이 무엇인지

세심히 관찰해서 찾아주는 것이다.

꼭 알아야 할
엄마표 영어의 진실

"엄마표 영어를 시작하지 못하는 이유는 두려움과 불안함 때문이다. 두려움과 불안함은 오해에서 생긴다. 그동안 다양한 부모를 만나 엄마표 영어를 수없이 성공시키며 깨달은 진실을 나누려고 한다."

1

영잘못(영어 잘 못하는) 엄마가
더 성공한다

부족해도 호들갑 떠는 영잘못 엄마가 되라

엄마표 영어는 영잘못 엄마가 더 성공한다. 이유는 아이가 아웃풋 (output) 할 때 물개 박수 치며 기를 팍팍 살려주기 때문이다. 오히려 영어를 잘하는 엄마는 아이의 발음과 문법적 오류를 자꾸 지적한다. 그래서 아이의 성장을 방해한다. 아이가 처음 음~마(엄마) 했을 때 호들갑 떨며 좋아하던 시기를 한번 떠올려보자. 엄마의 반응을 보며 아이는 거침없이 표현하고 응원에 힘입어 맞든 틀리든 계속 내뱉는다. 아이는 누구의 눈치도 보지 않고 마음껏 표현한다. 이런 자유롭고 편안한 환경이 아이의 영어를 성장시키는 힘이다.

수진이 엄마는 영어를 잘한다. 나와 만나기 전, 무려 4세부터 9년 동안 엄마표 영어를 했다. 해외에 나가면 엄마가 먼저 나서서 말을 한다.

그러면서 자꾸 아이에게 말해보라고 재촉한다. '수능을 푸는 모습을 보여주면 동기부여가 되겠지?' 엄마는 일부러 아이 앞에서 어려운 문제를 푼다. 하지만 수진이는 엄마의 바람과 달리 아웃풋이 잘 나오지 않는다. 말하기(speaking)와 읽기(reading) 실력도 좀처럼 늘지 않고 제자리이다.

진우 엄마는 영어 학원을 한다. 본격적으로 리딩을 시작한 후 아이를 붙들고 학원식으로 주입하며 윽박지르고 힘들게 했다.

"그동안 얼마나 영어 소리를 들었는데 잘 못 읽어?"

영어를 잘하는 엄마 앞에서 아이는 말문을 닫아 버리고 주눅이 든다. 아무리 열심히 해도 엄마만큼 잘할 수 없다고 생각하고 미리 포기한다. 리딩 시간은 진우에게 고통스러운 시간일 것이다.

아이 앞에서 모든 것을 알고 있는 전지전능한 부모인 것처럼 과장하거나 잘난 체할 필요 없다. 그럴수록 아이 스스로 성장할 기회는 멀어진다. 왕년에 공부를 잘한 부모는 아이가 간단하고 쉬운 문제를 풀지 못하면 이해하지 못한다고 한다. 부모 스스로 그런 경험이 없기 때문이다.

7개 국어를 하는 조승연 엄마는 아이 앞에서 부족한 척을 했다고 한다.

"엄마는 잘 모르니까 승연이가 답을 찾아서 알려줄래?"

아이에게 답을 알려주거나 모른다고 닦달하지 않고 스스로 문제를 해결하게 했다고 한다. 아이 스스로 답을 고민하고 찾아볼 수 있게 기회를 주는 부모, 그리고 아이가 자립할 수 있도록 도와주는 부모가 지혜로운 부모이다.

아이가 맞든 틀리든 아웃풋하면 무조건 칭찬해주어라. 아이는 부모의 응원과 격려에 용기를 얻고 스스로 성장한다. 영어 실력이 폭풍 성장하려면 일단 아이의 마음이 편해야 한다. 언어는 편안한 상황에서 성장한다. 그리고 조승연 엄마처럼 한 발 물러서서 기다려주는 부모가 되자.

엄마표 영어, 겁먹지 말고 코칭하라!

엄마표 영어는 모국어 습득 방식과 동일하기 때문에 스스로 교정기를 거치는 과정과 시간이 필요하다. 처음부터 정확하기를 바라지 말고 마음을 비우고 기다리는 것이 중요하다. 발음, 문법, 리딩, 쓰기 모두 교정하지 않는 것이 좋다. 모국어도 실수와 오류의 과정을 거치며 성장했는데 하물며 외국어인 영어를 처음부터 완벽하게 구사하기를 바라는 것은 욕심이다. 틀려도 마음 편히 내뱉을 수 있는 곳이 집이어야 한다.

아이가 잘 성장하기를 바란다면 아이를 있는 그대로 받아들이고 성장하는 시간 동안 기다려주는 인내가 필요하다. 아이의 영어 실력은 엄마의 영어 실력과 무관하다. 엄마는 코치라는 사실을 명심하라. 엄마는 영어 환경을 만들어주는 조력자이며 응원해주는 사람이다.

엄마표 영어는 엄마가 영어를 못 해도 성공 가능한 방법이다.

영잘못 엄마라고 겁먹지 말라. 영잘(영어 잘하는) 엄마보다 성공할 확률이 더 높다.

엄마의 어눌한 발음으로 원서 읽어줘도 되나요?

마음껏 읽어주자. 엄마의 발음은 중요하지 않다. 영어책 읽는 시간은 엄마의 관심을 온전히 받으며 엄마와 소통하는 시간이다. 아이는 기쁨과 행복감에 두 귀를 쫑긋 세우고 집중한다. 발음이 걱정되면 원어민이 읽어주는 음원을 나란히 앉아서 들어도 좋다. 아이는 많이 들은 익숙한 소리로 발음하기 때문에 걱정하지 않아도 된다. 원서의 음원이 있기 때문에 마음 편하게 읽어주면 된다.

엄마의 나긋나긋하고 따뜻한 목소리는 아이의 마음을 편안하게 해준다. 자신 있게 읽어주어라. 하지만 높낮이 없는 톤으로 쭉 읽으면 엉덩이 힘이 약한 아이는 재미없어서 자리를 박차고 일어난다. 조용해서 보면 어느새 쿨쿨 꿈나라로 떠나 있기도 한다. 이왕 읽어주려면 실감나게 읽어주자. 여유가 있다면 미리 음원을 들으며 연습해두어도 좋다. 시간이 차곡차곡 쌓이면 어느새 엄마의 발음도 몰라보게 변화된다.

2

엄마표 영어,
고학년도 성공할 수 있나요?

고학년은 확실한 동기부여가 우선이다

과연 고학년은 엄마표 영어가 늦었을까? 늦지 않았다. 단지 고학년이
되면 엄마의 말을 고분고분 듣지 않아 힘들 뿐이다. 자아가 강해져서 본
인 스스로 의지와 동기가 강해야 진행이 가능하다. 먼저 엄마표 영어가
어떤 것이고, 앞으로 어떻게 진행할 것이고, 어떤 결과가 나오는지 자세
하게 알려주자. 그리고 영어가 능통하면 미래에 어떤 도움이 되는지 충
분히 이야기를 나누어라. 그래야 목적지까지 순항할 수 있다.

고학년에 시작하면 장점이 있다. 인지 능력이 뛰어나기 때문에 성실
하게 진행하면 단기간에 급성장할 수 있다는 점이다. 현재 중3까지 코
칭하고 있는데 고학년에 시작해서 성실하게 따라온 친구들은 실력이 뛰
어나다. 외국에서 살다 온 것으로 오해받기도 한다.

고학년에 시작하는 경우는 엄마와 아이 모두 두 배로 노력해야 한다. 아이는 놀고 싶은 유혹을 뿌리쳐야 하고 엄마는 잔소리를 멈추어야 한다. 온전히 아이 주도로 진행되어야 성공한다.

아이의 감정을 다치게 하는 말이나 협박은 더 이상 통하지 않는다. 엄마와 마찰이 심하고 게임이나 핸드폰에 빠지면 성공하기 힘들다.

"제대로 안 하면 빡센 학원으로 보낼 거야."
"너한테 쏟아부은 돈이 아까워 죽겠어."
"이제 너한테 더 이상 투자하지 않을 거야."
"네 인생이니 네가 알아서 해. 난 모르겠어."

고학년에게 이런 협박은 의미도 없을 뿐더러 관계를 단절시키고 마음의 상처만 준다.

"피곤할 텐데 기특하게도 책상에 앉아 있네."
"먹고 싶은 간식 있으면 말해. 엄마가 집중 듣기 끝나면 해줄게."

이런 긍정적인 표현이 아이의 마음을 움직인다. 지쳐서 들어온 아이에게 "얼른 씻고 공부해."보다 "고생했어. 얼른 씻고 나와서 좀 쉬어."라고 표현하는 것이 서로의 관계에도 좋고 아이 스스로 공부하고 싶은 마음이 들게 한다. 공부하려던 아이도 공부하라고 하면 하기 싫어지는 법이다. 쉬라고 하면 오히려 조금 쉬다가 책상에 슬그머니 앉는다. 고학년도 아이와 관계가 좋고 소통이 잘되면 엄마표 영어는 충분히 성공할 수 있다.

중학생은 잔소리를 멈추어야 한다

중학생도 가능한지 질문하는 부모가 많다. 물론 가능하다. 단지 실천이 쉽지 않다. 머리로 'Yes'라고 생각해도 입으로 'No'라고 나오는 시기이다. 무시무시한 질풍노도의 시기이다. 중학생이라면 아이의 의지가 더 강하고 열정이 넘쳐야 가능하다. 열심히 하겠다고 다짐을 받고 각서까지 써도 얼마 못 간다. (각서는 학원으로 갔다가 다시 열심히 하겠다고 오는 경우에 받는다.)

'아이가 약속을 못 지키는 것인가?'
'엄마가 못살게 굴어서 멈추는 것인가?'

이유야 명확하지 않지만 여하튼 오래 못 간다.

진행이 순조롭지 않은 아이를 만나보면 하나같이 하는 이야기가 있다.

"공부하려고 하는데 엄마가 공부하라고 하면 짜증나서 안 하고 싶어요."

"엄마표 영어가 무엇인지 설명도 제대로 안 해주고 갑자기 DVD를 봐라, 집중 듣기를 해라 하잖아요."

"영어가 싫은 것이 아니라 쫓아다니면서 잔소리하는 것이 싫어요."

"엄마 목소리 자체가 듣기 싫어요."

이유도 참 다양하다. 아이의 말에 귀를 기울이면 열심히 안 하는 이유가 무엇인지, 또 엄마가 어떻게 접근해야 하고 무엇이 소통에 방해가 되는지 알 수 있다.

중학생은 스스로 계획을 세우고 스스로 실천하게 지켜보아라. 부모는 동기부여와 칭찬 그리고 좋은 정보를 찾아주면 된다. 초4에 시작해서 중3까지 순항하는 아이들이 있다. 성공의 비밀은 엄마가 못살게 굴지 않는 것이다. 호르몬의 변화로 예민하고 민감한 아이를 건드리는 것은 '엄마의 말'이다. 중학생은 엄마가 세 배 더 공들이고 노력해야 한다. 아이의 미래를 위한 투자이니 미리 포기하지 말고 한번 도전해보라. 아이의 꿈을 함께 찾아보고 그 꿈을 이루기 위한 도구로 영어가 필요하다면 무조건 도전해야 한다. 아이의 심장이 뛰고 꿈을 꼭 이루고 싶다면 누구보다 열심히 해낼 수 있다. 아이와 부모가 함께 노력하면 이루지 못할 일이 없다.

엄마의 응원과 격려는 영어뿐 아니라 사춘기를 지혜롭게 넘기는 방법이다.

3

모국어가 탄탄해야
영어도 빠르다

모국어 완성이 우선이다

모국어는 모든 언어의 기본이다. 먼저 모국어 완성이 중요하다. 모국어가 완성된 이후에는 다른 언어를 받아들이는 속도가 빠르다. 모국어의 탄탄한 기반은 영어의 탄탄한 기반이 된다.

우리의 뇌에는 마법처럼 언어를 마스터하는 시스템이 내재되어 있다. 어려서 모국어와 영어를 동시에 노출하면 이중 언어를 구사할 수 있다. 하지만 모국어가 완성되지 않은 상태에서 영어를 먼저 접하거나 영어에 더 집중하면 모국어도 어눌하고 영어와 혼용하여 사용하는 부작용이 생길 수 있다.

민정이는 오빠 덕분에 모국어가 완성되기 전부터 영어에 노출되었다. 6세인데 한국어 어휘가 부족하고 영어로 말하며, 한글책은 통 읽으려

하지 않았다. 엄마는 영어 표현이 툭툭 튀어나오니 좋으면서도 한편으로 걱정이 되었다. 한국어가 어눌하니 유치원 생활도 힘들고 일상생활에 문제가 생기기 시작했다. 먼저 한글책에 집중하고 다양한 독서를 통해 어휘를 탄탄하게 다지기로 나와 약속했다. 3년이 지난 지금 한국어도 성장했고 영어도 균형 있게 성장했다. 오빠가 엄마표 영어를 진행했기 때문에 옆에서 영어에 자연스럽게 노출되는 환경이었기에 가능했다. 그러나 계속 영어에 집중했다면 모국어가 부족해서 학교 생활과 교우 문제가 심각해졌을 것이다.

소은이의 사례를 보자. 결혼한 지 8년 만에 보물 같은 소은이가 태어났다. 엄마는 모든 것을 아낌없이 해주고 싶었고, 누구보다 잘 키우고 싶었다. 일찍 영어를 노출해주면 좋다고 들어서 비싼 교재를 구입해서 보여주고 들려주었다. 소은이는 자연스럽게 영어 표현에 익숙해졌다. 한글책도 조금씩 읽었기 때문에 크게 걱정하지 않았다. 소은이는 모국어보다 영어를 더 잘하는 아이로 생각했다. 그런데 고학년이 되어 영재원 시험에 지원했는데 계속 불합격했다. 학교 성적, 수학, 과학 모두 우수한데 문제는 모국어 어휘 실력이었다. 논리적인 글쓰기와 표현에 아쉬움이 있었다. 엄마는 괜히 영어를 먼저 노출시켰다고 후회했다. 토끼 같은 자식 잘되라고 돈과 시간 모두 쏟아부었는데 안타까운 사례이다.

한국에서 성장하고 공부할 아이라면 모국어 완성이 먼저이고 모국어가 더 중요하다. 3개 국어나 4개 국어를 하는 아이도 모국어 실력이 월등하다. 어떤 언어보다 모국어 구사 능력이 가장 중요하다.

　모국어를 먼저 완성시킨 후에, 영어를 본격적으로 시작하는 것을 추천한다.

4

영어 유치원과
영어 학원을 뛰어넘는 비밀

영어 유치원, 필수 코스 아니다

'7세 땐 빚을 내서라도 보내라 vs 3년 배운 거 6개월이면 익힌다'

〈중앙일보〉 "hello! parents"(2023.11.29)에 영어 유치원 기사가 났다. 영어 유치원은 4~7세 자녀를 둔 부모의 가장 큰 고민 중 하나이다. 교육부에 따르면 전국에 영어 유치원의 수는 847곳(2023.6월 기준)이고 10년 전보다 2배 이상 늘었다. 서울 경기에 65.1%가 몰려 있고 월평균 교육비는 175만 원이다. 연간으로 계산하면 의대 등록금(999만 원)의 2배가 넘는다. 교육부는 영어 유치원이라는 명칭 사용을 금지하고 2016년부터 단속하고 있다.

영어 유치원은 '보육보다 교육'에 초점이 맞추어진 영어 학원이다. 즉,

유아기의 정서와 신체 발달을 고려하여 만든 프로그램이 아니라 영어 학습을 위해 만들어진 프로그램이다. 영어 노출이 없거나 부족한 아이는 적응하기 힘들다. 자신감과 자존감을 한참 키워야 할 나이에 부정적인 정서와 좌절감을 맛볼 수 있다. 영어에 흥미가 있고 인풋이 충분하여 원어민과 소통에 문제가 없으면 보내도 된다. 옆집 아이, 앞집 아이 보낸다고 준비도 안 된 채 무리하게 보내는 것은 추천하지 않는다.

영어 유치원은 입학부터 서열이 매겨지고 레벨 테스트를 받아 반편성이 된다. 4세 아이가 입학 테스트를 통과하기 위해 과외를 받는다고 한다. 아이는 존재만으로 사랑받고 존중받아야 한다. 너무 이른 나이에 스트레스를 받게 할 필요 없다.

영어 유치원에 다니다 온 아이를 보면 듣기와 쓰기가 부족한 경우가 많다. 어떻게 교육을 받았느냐에 따라 차이가 있지만, 무엇보다 영어 유치원에 대한 기억이 좋지 않다.

"원어민 선생님이 너무 무서웠어요."
"한국 선생님한테 혼나서 속상했어요."
"영어로만 말해야 해서 힘들었어요."

아직까지 아이와 엄마 모두 만족하는 경우는 보지 못했다. 대부분 영어 유치원을 졸업한 후에 연계 학원에 다니다가 스트레스를 받아 찾아온다. 혹은 옆집 아이는 일반 유치원에 다니는데도 어떻게 영어가 유창한지 그 비밀이 궁금해서 찾아온다. 엄마표 영어 3~4년 차 아이가 영어 유치원 출신보다 실력이 더 좋은 경우가 많기 때문이다.

경제적인 부담도 없고 아이의 정서도 챙기면서 영어를 정복하는 길이 바로 엄마표 영어이다.

민서는 영어 유치원을 2년 다녔고 연계 학원에 다니다가 초1 중반에 만났다. 민서의 발음은 좋은 편이었고 원서의 내용 파악도 우수했다. 하지만 듣기는 60~70% 정도 실력이었고, 단어는 영영 풀이로 된 교재를 한국말 뜻을 달아 달달 외우고 있었다. 신기하게 학원에서 학습식으로 배운 아이와 결과가 비슷했다. 듣기와 쓰기는 약하고 읽기만 좋은 편이었다. 말하기는 일상생활 정도의 대화는 가능하나 깊이 있는 대화는 한계가 있었다. 어쩌면 당연한 결과일지도 모른다.

'과연 유치원생이 얼마나 깊이 있는 대화가 가능할까?'
애초에 깊이 있는 대화가 불가능한 나이다. 영어를 조금 먼저 배우는 것뿐, 받아들이는 데 한계가 있는 시기이다. 나와 프로그램을 진행하면서 원서의 이해도나 연따(연속 따라 말하기) 등으로 아이의 정확한 실력이 파악된다. 영어 유치원이나 학원에 다니다 온 아이는 '대부분 듣고 따라서 말하는 것(연따)'이 부족하다. 게다가 한 가지 문제점이 더 있는데, '듣기에 집중하기'보다는 자꾸 '보고 읽으려고' 한다는 점이다. 즉, 영어를 소리가 아니라 문자로 받아들여 보고 읽으려고 한다.

이와는 반대로, 오히려 영어를 처음 접하는 아이는 듣는 데에 온전히 집중한다.

나의 다년간의 경험과 여러 전문가들의 의견을 종합해보면 결국 영어 유치원은 선택의 문제이지, 필수 코스는 아니다.

엄마들이 걱정하는 또 한 가지는 원어민 교사의 자질에 대한 부분이다. 매스컴에서 잊을 만하면 등장하는 원어민 강사의 사건 사고가 마음에 걸린다. 꼭 보내고 싶다면 커리큘럼과 강사의 자질과 역량을 꼼꼼히 살펴본 후에 결정하는 것을 추천한다.

영어 유치원을 뛰어넘는 엄마표 영어

아이를 영어 유치원에 보내다가 엄마표 영어를 시작하는 엄마들이 있다. 이런 엄마들은 일반 유치원에 다니면서 엄마표 영어를 하는 옆집 아이와 본인 아이의 진도가 비슷하면 속상해한다. 심지어 본인 아이보다 옆집 아이의 영어 실력이 더 뛰어나면 신경이 쓰이기 시작한다. 점점 마음이 초조해지고 급해진다. 아이가 스트레스를 받아서 편하게 해주려고 엄마표 영어를 시작했는데, 초심이 흔들린다. 또한 영어 유치원 연계 학원에 계속 다니는 다른 아이도 신경 쓰인다. 남편과 심하게 다투면서까지 지출한 돈과 시간이 너무 아깝고 후회가 된다.

'난 그동안 뭐 한 거지?'
'일반 유치원 다닌 옆집 아이가 연따를 더 잘하네?'

엄마는 마음이 시끄럽고 짜증이 나서 결국 아이에게 버럭 소리를 지른다.

하지만 기억하라. 아이가 엄마한테 영어 유치원 보내달라고 사정한 적 없다. 엄마 스스로 결정했고 아이에게 선택권은 없었다.

대치동을 이기는 엄마표 영어

준석이는 외국에서 살다 와서 귀국 반이 있는 영어 유치원에 다니고 있었다. 외국에 있을 때는 영어를 제법 했다는데 원서를 거의 읽지 못했다. 안타깝게 과제에 치이며 지겹게 외우는 방식으로 공부하고 있었다. 오히려 알고 있던 것조차 잊어버리는 상황이었다. 현재 아이의 상태를 조심스럽게 전달했고 앞으로 이런 부분을 채워주면 좋아질 수 있다고 설명했다.

"예전에는 영어를 잘했는데 왜 이렇게 되었는지 모르겠어요."

나의 피드백은 귀담아듣지 않았다. 아이의 마음이 편안해지고 영어를 즐기는 상황이 되면 자연스럽게 해결되는 부분이다. 귀국해서 DVD와 원서만 보았어도 감각 유지가 되었을 것이다. 엄마의 조급함으로 아이를 탄탄대로가 아닌 가시밭길로 끌고 가는 것이 안타까웠다. 어딘가에서 고생하고 있을, 어쩌면 영어와 영영 멀어졌을 아이의 얼굴이 아련히 떠오른다.

수인이는 일반 유치원을 졸업하고 8세 초반에 만났는데 DVD 보는 것을 너무 좋아했다. 1시간 이상을 꼼짝하지 않고 자리에 앉아 몰입해서 보았다. 원서도 집중해서 보고 새로운 원서를 시작할 때마다 흥미로워했다. 3년 정도 시간이 흐르자 영어 유치원에 다녔던 친구들보다 실력이 좋아졌다. 이제는 전교에서 영어를 제일 잘하는 아이로 소문이 났다. 원어민 교사가 학교 수업에 들어오는데 반에서 유일하게 원어민과 소통이 되는 아이다. 친구들은 수인이의 영어 실력을 부러워한다. 앞서가는 듯 보였던 영어 유치원 다녔던 친구들도 수인이의 실력을 인정하기 시작했다. 수인이는 의사소통 능력이 뛰어나고 한글책 다독으로 다져진 내공으로 영어뿐 아니라 모든 부분에서 두각을 나타낸다.

영어 유치원에 대한 환상을 가지지 말라. 실력이 우수한 아이는 추가로 다른 수업을 받았거나 집에서 DVD와 원서를 함께 진행한 아이들이 대다수이다.

영어 학원, 병행하지 않아도 된다

우리나라 아이들의 영어 읽기 실력은 세계 35위, 말하기 실력은 소말리아 우간다보다 못한 121위이다. 천문학적인 시간과 돈을 들여 열심히 외우고 노력해도 결과는 참혹하다.

영어를 언어로 받아들이지 못하고 공부하고 학습하는 과정을 거치며 나타난 결과이다.

엄마표 영어와 학원표 영어는 방식과 결과의 차이가 크다. 엄마표 영어는 모국어를 배운 방식대로 듣기 → 말하기 → 읽기 → 쓰기의 순서로 배운다. 자전거 타기와 수영처럼 몸에 배도록 자연스럽게 익히는 것이다.

학원표 영어는 먼저 알파벳과 파닉스를 배워 문자를 익힌 후에 읽기, 쓰기, 듣기, 말하기를 거의 동시에 배운다. 교재도 듣기, 독해집, 문법, 단어장 등 여러 권으로 구성된다. 문장을 구와 절로 나누고 문법이 어떻게 되는지 분석하고 모르는 단어를 찾으며 독해하는 방법을 배운다. 우리 아이들이, 아직도 우리가 몇십 년 전에 배운 방식과 똑같이 배우고 있다는 뜻이다.

엄마표 영어 : 듣기 → 말하기 → 읽기 → 쓰기

학원표 영어 : 알파벳 + 파닉스 → 읽기 / 쓰기 / 듣기 / 말하기

만약 모국어를 학습으로 배운다면 조사가 어떻고, 주어가 어떻고, 간단한 문장 하나 말할 때도 주어에는 주격조사 '은, 는, 이, 가'가 붙는다고 했지? 생각할 것이고, 툭 튀어나오는 문장도 맞는지 틀린지 문법적 오류를 생각하다가 한마디도 제대로 말하지 못할 것이다.

엄마표 영어를 한 아이는 해석의 과정 없이 읽으면서 동시에 내용이 이해된다. 같은 지문을 보고 그냥 독해가 되는 아이와 분석해서 독해를

하는 아이는 속도와 이해도에서 차이가 크다. 모르는 단어가 나와도 앞뒤 문맥으로 유추해서 내용을 파악할 수 있다.

영어는 유기적으로 연결된 하나의 언어이기 때문에 종합적으로 배워야 한다. 영어를 언어로 받아들이지 못하면 외우기 힘들고 지루한 교과목으로 인식하게 된다. 교과목으로 배우고 평가하는 영어는 재미와 흥미가 떨어질 수밖에 없다.

영어 학원을 병행하는 경우에는 온전히 엄마표 영어에 집중하기 어렵다. 영어는 시간 투자가 중요한데 두 가지 모두 성실하게 해내기 어렵기 때문이다. 오히려 둘 다 대충대충 해서 하나도 제대로 하지 못하는 상황이 발생한다. 무엇보다 엄마표 영어에 필요한 절대적인 영어 노출 시간이 부족해진다. 그리고 엄마표 영어로 영어를 자연스럽게 받아들여 편하게 익힐 수 있는데, 문법을 따지게 되면 아웃풋에 방해가 된다.

정확한 방향을 정해 한 가지에 집중하고 몰입하라.

의사소통이 자유로운 아이로 키우고 싶으면 엄마표 영어.
시험을 잘 보는 아이로 키우고 싶으면 학원표 영어.

엄마표 영어에 집중한 아이가 몇 년의 시간이 흐르면 학원이나 과외를 병행한 아이보다 실력이 월등해진다. 수년간 나의 경험과 아이들의 결과로 확인되었다.

진짜 영어가 능통한 아이로 성장시키고 싶다면 '선택과 집중'을 하라.

내신이 보장되지 않는다는 선입견

대부분의 부모가 엄마표 영어와 학원표 영어 사이에서 고민한다. 아이가 성실하다면 엄마표 영어를 하든, 학원표 영어를 하든 학교 성적은 우수하다. 어떤 방식으로 진행하더라도 수업 시간에 집중하고, 필기를 꼼꼼하게 하고, 교과서, 단어, 프린트물 암기를 성실하게 하면 시험 결과가 좋다. 하지만 아무리 학원을 다니고 과외를 받아도 스스로 공부하지 않으면 좋은 점수가 보장되지 않는다. 내가 코칭하는 아이들은 대부분 90점 이상의 점수를 받는다. 시험 당일의 긴장도, 컨디션, 문제를 잘못 읽는 실수 등으로 1~2문제 아쉽게 놓치는 경우가 아니라면 100점도 어렵지 않다.

세인이는 중2인데 내신이 두 번 연속 70점대가 나왔다. 엄마는 연속으로 안 좋은 성적이 나오자 다급하게 전화했다. 사실 학원을 추가로 보냈는데 성적이 안 나오는데 어떻게 하느냐고 말이다. 외부 지문이 많이 나와서 시험을 망친 것 같다는 엄마의 말을 듣고 '엄마표 영어를 열심히 하지 않았구나.' 하고 확신했다. 학원 과제에 치여 엄마표 영어는 하는 둥 마는 둥 시간을 흘려보냈던 것이다. 세인이 엄마는 워킹맘인데, 옆에서 잘 챙기지 못하고 퇴근 후에 잔소리만 했다.

'집중하지 않고 하는 시늉만 했구나!'
'외부 지문이 나왔으면 결과가 더 좋아야지!'
'지금까지 얼마나 많은 원서를 봤는데?'

엄마의 울먹이는 목소리가 안타까웠고, 앞으로 엄마표 영어에 집중하기로 약속했다.

엄마표 영어가 빛을 발하는 순간은 다른 친구들이 이렇게 말할 때이다.

"처음 보는 지문이라 어려웠어."
"모르는 단어가 있어서 해석이 안 됐어."
"무슨 내용인지 잘 이해가 되지 않았어."

대치동을 이기는 엄마표 영어

학구열이 높은 지역에 사는 도운이는 문법 정리를 위해 학원에 잠깐 갔다. 물론 엄마표 영어도 열심히 했다. 없는 시간을 쪼개 DVD를 보고 집중 듣기와 영어 일기도 열심히 썼다. 엄마는 학원에서 내신 대비를 해 주기 때문에 믿고 있었다. 그런데 도운이는 중간고사, 기말고사 모두 70 점대를 받았다. 엄마는 그날로 학원을 정리했다. 이후 내가 알려준 매뉴얼대로 공부했고 뽑아준 기출 문제와 예상 문제도 성실히 풀었다. 그리고 중간고사에서 91점을 받아왔다. 5점짜리 한 문제는 실수로 틀렸다고 무척 아쉬워했다. 도운이 엄마는 학원에 다닌다고 다 해결되는 것이 아니었다고 말했다. 도운이의 성적이 바로 오른 이유는 그동안 엄마표 영어로 다져온 실력이 쌓여 있었기 때문이다. 특히 수행 평가에서 두각을 나타내고 발음이 좋다고 영어 선생님한테 늘 칭찬을 받는다. 도운이의 영어 자신감은 하늘을 찌른다.

결국 영어 성적은 공부하는 방법과 아이의 노력과 의지에 달려 있다.

파닉스(Phonics)가
꼭 필요한가요?

언어는 저절로 습득되는 것이다

세계적인 언어학자 노암 촘스키(Noam Chomsky)는 언어는 학습을 통해 배우는 것이 아니라 '자연스러운 노출을 통해 저절로 습득되는 것'이라고 했다.

언어의 본질은 소리이며 언어란 소리로 익히는 것이다. 언어는 소통하기 위한 수단이다. 문자는 소리 언어를 기록하기 위해 약속된 기호에 불과하다. 소리 언어를 문자로 익히는 것과 소리로 익히는 것은 차이가 크다.

1. 저렇게 생긴 모양에 이런 맛이 나고 이런 소리가 나는 것이 사과이구나.
2. 시옷(ㅅ) 아(ㅏ) 기역(ㄱ) 오(ㅗ) 아(ㅏ) 합쳐져 사과 이렇게 소리가 나는구나.

지금까지 우리는 영어를 2번 방식으로 배웠다. 즉, 소리와 이미지의 매칭이 아니라 문자 인식으로 언어를 배우고 있는 것이다. 이런 영어 교육 방식이 바로 파닉스이다.

파닉스의 함정에 빠지지 말라

파닉스는 필수 코스가 아니다. 미국 현지에서도 파닉스 교육을 찬성하는 사람과 반대하는 사람 두 부류로 나뉜다. 파닉스는 알파벳의 음가를 익혀 단어가 가진 소리 즉, 발음을 배우는 것이다. 모국어가 영어인 아이가 음성 언어에 충분히 노출된 이후에 문자를 인식해서 글을 읽을 수 있게 알려주는 방법이다. 음성 언어와 문자 언어 간의 원리와 규칙을 알면 글자를 읽는 데 도움이 된다. 하지만 파닉스 규칙대로 발음되지 않는 단어의 수가 많다. 다시 말해 파닉스를 배워도 모든 단어를 읽을 수 있는 것이 아니다.

무엇보다 파닉스를 먼저 배우면 언어를 음성 언어로 받아들이는 과정 없이 문자 언어로 받아들이게 된다. 게다가 영어는 인토네이션(억양), 악센트(강세), 연음을 살려서 발음해야 하기 때문에 단어 하나하나의 발음을 안다고 문장의 유창성이 해결되지 않는다.

그래서 알파벳 음가(소리)만 가볍게 알아도 된다. 파닉스에 집착하면 오히려 영어를 재미있게 배울 기회를 날려버리고 영어는 재미없고 복잡하다는 부정적인 감정이 생길 수 있다. 인지 능력이 우수한 아이는 파닉스 규칙을 쉽게 받아들이지만 그렇지 않은 친구는 어렵고 복잡하다. 보통 파닉스 과정을 6개월~1년 진행하는데 배운 아이도 일정 시간이 지나면 잊어버리는 사례가 많다.

수연이 엄마는 아이가 셋인데, 첫째는 학원에서 1년 동안 파닉스를 배웠다. 둘째와 셋째는 영어 노출이 전혀 없는 상태에서 엄마표 영어를 시작했다. 첫째는 발음이 딱딱하고, 둘째는 원어민처럼 자연스럽게 나오니 괜히 파닉스를 시켰다고 후회했다. 그동안 들인 노력이 아깝고 무엇보다 한번 고착화된 어색한 발음이 잘 고쳐지지 않는다. 셋째는 문장을 그냥 통으로 줄줄 읽으니 신기해한다.

파닉스에 힘 빼지 말라!

파닉스를 쉽게 익히는 방법을 알려주세요.

알파블록스(Alphablocks), 립 프로그(Leap Frog), 워드 월드(Word World), 슈퍼 와이(Super Why)와 같은 DVD를 수시로 보여주면 좋다. 그리고 유튜브에 파닉스 송(Phonics Song)을 검색하면 핑크퐁 파닉스를 포함해서 재미있는 영상이 많다. 파닉스(Phonics)는 이런 영상을 수시로 보고 들으면서 자연스럽게 익히는 것이 좋다.

사이트 워드(sight word)는 파닉스 규칙을 따르지 않고 영어책에서 많이 쓰이는 단어들이다. 카드나 세이펜 등이 있는 자료를 활용하여 놀이처럼 진행하면 흥미로워하며 단어를 통으로 익힐 수 있다.

6

실시간 통역기 시대에도
영어를 배워야 하나요?

언어는 인간 고유의 영역이다

코칭하는 아이의 초등학교에서 있었던 일이다. 담임 선생님이 아이들에게 말했다고 한다.

"앞으로 기계가 번역해주는 세상이 올 텐데, 영어 학원에 힘들게 다니는 너희들이 안타깝다."

물론 안타까운 마음에 한 말이겠지만, 사실에 기반을 둔 정확한 정보를 전달해야 한다는 생각이 들었다.

'과연 인공 지능의 발달은 영어로부터 우리 아이를 완전히 해방시켜줄까?'

영화 〈설국열차〉에서 다른 나라 언어를 사용하는 사람들끼리 실시간 첨단 통역기로 의사소통하는 장면이 나온다. 영화 속의 일만은 아니다. 머지않아 실시간 통역기의 시대가 열릴 것이다. 그러나 언어에 담겨 있는 문화와 뉘앙스, 사람에 대한 이해 그리고 설득하고 공감하는 깊이 있는 소통은 기계가 대신해줄 수 없을 것이다. 기계의 역할은 단어와 문장의 단순한 번역에 불과할 것이다.

'마음이 통해야 대화도 통한다.'

언어는 단순히 상대방의 말을 알아듣는 것뿐 아니라 사람 사이에 친밀감을 유지시켜 주고 서로의 생각을 공유하고 나누는 소통의 수단이다. 무엇보다 언어는 그 나라의 문화적, 사회적, 정치적, 역사적 배경의 이해가 있어야 제대로 소통할 수 있다. 인간의 상호 작용과 사람 간의 대화는 동물과 달리 감정이 포함되어 있고 그 감정과 뉘앙스에 따라 의미가 달라진다. 즉, 문맥에서 전달되는 의미를 이해하고 느껴야 진정한 소통이 된다. 앞으로 AI 소통앱은 더욱 발전하고 정교해질 것이다. 하지만 인간의 언어를 대신하기 쉽지 않을 것이다.

사람 간의 대화처럼 자연스럽게 소통하기에는 시차가 발생하고 잠시의 침묵은 대화의 흐름을 깰 수 있다. 상대방이 내 질문에 한 템포씩 느리게 대답하면 얼마나 답답할까? 결국 원활한 대화가 이루어지지 못해 어색한 상황이 발생하게 되고 더 이상 대화가 지속되기 어려울 것이다. 구사할 수 있는 언어가 많을수록 기회가 많아진다. 서로 공감대가 형성되고 소통이 잘되어야 가까워지고 공유하는 생각도 많아진다. 언어의 기능은 축소되지 않고 기계는 보조적인 역할에 불과할 것이다.

아무리 기계가 발달되어도 언어는 인간 고유의 영역일 것이다.

AI가 대신할 수 없는 진정한 소통을 위해 우리 아이에게 진짜 살아 있는 영어를 습득하게 도와주자.

7

엄마표 영어,
실패는 없다

무조건 믿어야 성공한다

엄마표 영어의 실패 사례는 없다. 단지 엄마의 포기만 있을 뿐이다. 경험해보지 않은 사람은 엄마표 영어로 영어가 능통해진다는 사실을 잘 이해하지 못한다. 엄마표 영어로 성공한 아이를 바로 눈앞에서 보더라도 원래 머리가 좋거나 언어 감각이 우수한 아이라고 단정 짓는다. 본래 사람은 본인이 직접 경험한 것만 믿고 그것이 옳다고 생각하기 때문이다.

"진짜 알파벳도 몰랐어요?"
"처음부터 엄마표 영어만 했어요?"

일단 의심부터 하고 본다. 피그말리온 효과(Pygmalion effect)가 있다. 하버드대 사회 심리학과 로젠탈(Robert Rosenthal) 교수가 연구한 결과이다.

전교생을 대상으로 지능 검사를 한 후에 무작위로 20%의 명단을 뽑아 교사에게 주었다. 그러면서 지적 능력이나 학업 성취의 향상 가능성이 높은 학생들이라고 말했다. 8개월 후에 동일한 지능 검사를 했는데, 그 아이들의 평균 점수가 높게 나왔고 학교 성적도 크게 향상되었다. 교사가 학생에게 거는 기대와 격려는 실제로 성적 향상에 효과를 미쳤다. 타인이 나를 존중하고 기대하면 그 기대에 부응하기 위해 노력한다는 것이다. 즉, 긍정적인 기대나 관심이 결국 결과에 좋은 영향을 미친다는 사실이다. 긍정적으로 생각하고 믿으면, 믿고 원하는 대로 이루어진다.

Man becomes what he thinks about.

(사람은 생각한 대로 이루어진다.)

긍정적으로 생각하면 긍정적인 결과를 얻고, 부정적으로 생각하면 부정적인 결과를 얻는다는 연구 결과가 많다. 수 세기 동안 소수의 사람만 알고 있던 부와 성공의 비밀이기도 하다. 아이를 의심하지 않고 믿어주면 결국 바라는 대로 좋은 결과가 나타난다.

잘못된 방법은 성공할 수 없다

엄마표 영어를 수년간 진행했는데 부족하거나 성장이 잘 되지 않으면 올바른 방법으로 하고 있는지 살펴볼 필요가 있다. 엄마 임의대로 좋아 보이는 정보를 뒤섞어 프로그램을 짜면 구멍이 생길 수 있다. 요즘 엄마 표 영어가 대세이다 보니 엄마와 하는 영어 학습을 모두 엄마표 영어라 고 칭하는 것 같다. 엄마가 영어를 배워서 대화하면서 진행하는 방식 또 는 문제집을 사서 아이에게 풀게 하며 선생님처럼 가르치는 방식 등 형 태와 방법도 다양하다.

엄마 혼자 평균 5년 이상 온라인 자료, 영상을 찾아보며 진행하다 결 과가 신통치 않아 결국 엄마와 아이 둘 다 지쳐서 찾아오는 경우가 있 다. 아이의 성향과 기질의 고려 없이 또는 너무 과하게 고려해서 아이가 하고 싶은 대로 진행하면 중요한 부분을 놓칠 수 있다. 〈해리포터〉까지 읽은 경우도 있는데 실제 레벨은 거기에 훨씬 못 미친다.

DVD 보기와 흘려 듣기의 부족, 원서는 정독하지 않고 다독으로 이것 저것 조금씩 대충 훑어보다 말았다. DVD는 노는 것 같고, 흘려 듣기는 효과가 없을 것 같아서 거의 하지 않았다. 다양한 이유로 아이의 성장을 방해하고 있었다.

제대로 된 방법과 방향으로 아이를 이끌어야 성공할 수 있다.

워킹맘도 성공할 수 있다

워킹맘은 제한된 시간을 최대한 효율적이고 알차게 활용해야 한다.

집안일을 완벽하게 하려면 양육이 소홀해지기 때문에 온전히 아이에게 집중하는 것이 좋다. 한 번 지나간 시간은 영영 되돌릴 수 없기 때문에 집안일은 조금 미뤄두고 아이에게 최대한 시간을 투자하라. 정말 쏜살같이 초등 시기가 지나가 버린다. 생활 습관, 학습 습관, 자기 주도 학습 습관은 초등 때 완성되기 때문에 절대 놓칠 수 없는 중요한 시기이다. 특히 초3까지 완성해 놓는 것이 좋다. 세 가지 습관만 잘 잡히면 워킹맘도 충분히 할 수 있다.

엄마표 영어는 '시간의 문제가 아니라 의지의 문제'이다. 아이가 하나를 진행하는 데 시간이 오래 걸리면 서로 지치고 힘들어진다. 정해진 시간에 정확하고 빠르게 해내는 연습과 스스로 하는 힘을 키워주는 것이 필요하다. 낮에 함께 하지 못한 부분을 저녁에 몰아서 채워준다고 생각하라. 그러면 아이에게 미안한 마음도 줄어들고 알차게 저녁 시간을 활용할 수 있다. 엄마는 슈퍼우먼이 아니기 때문에 포기할 부분은 과감히 포기하고, 꼭 해야 할 부분은 하늘이 두 쪽 나도 한다는 마음으로 접근해야 한다.

'나도 엄마표 영어 한번 해볼까?'

절실하지 않은 마음으로 가볍게 시작하면 쉽게 포기하게 된다.

'우리 아이 영어만큼은 꼭 자유롭게 만들어 줄 거야.'

다짐하고 또 다짐해야 한다. 엄마가 일을 하는 이유도 결국 아이를 잘 키우기 위해서이다. 부족함 없이 아이를 키우고 싶은 마음에 오늘도 힘내는 것이다. 물론 자아실현과 본인의 성공을 위해서 일하기도 하지만 엄마가 되는 순간 1순위는 아이가 되고 만다. 아이를 잘 성장시켜 사회의 일원으로 자립할 수 있게 도와주는 것이 부모의 책임이자 의무이다. 아무리 부모가 사회적으로 성공해도 자식이 제대로 자라지 못하면 아무 소용없다. 부모는 자식 걱정으로 마음 편할 날이 없고 삶의 질도 떨어진다. 어쩌면 평생 후회할지도 모른다. 자식이 자기 밥벌이를 하고 반듯하게 성장해야 부모도 마음 편히 노후를 즐길 수 있다.

자식에게 재산을 물려주는 것보다 지식과 삶의 태도를 물려주는 부모가 현명한 부모이다. 부모의 손길이 필요한 시기에 아이와 눈 맞추고 필요한 부분을 채워주는 부모가 최고의 부모이다.

초등 시기에 아이에게 시간을 투자하는 것은 그 어떤 투자보다 값진 투자이다. 워킹맘도 의지와 열정 그리고 끈기만 있으면 충분히 가능하다. 한번 도전해보라.

성공과 실패는 엄마 하기 나름이다

윤지 엄마는 워킹맘이다. 초등 입학을 앞두고 휴직했다가 최근에 복직했다. 복직 전부터 윤지 스스로 하는 연습을 했다. 윤지는 엄마가 퇴근하기 전에 스스로 할 일을 해놓는다. DVD 보기, 영어 일기 쓰기, 수학 문제 풀기 등 엄마가 확인할 수 있는 것 위주로 해놓기로 약속했다. 혼자 하면 소홀해지는 것은 엄마 퇴근 후에 함께 하기로 했다. 윤지는 영어에 흥미도 있고 잘하고 싶은 욕심이 있는 아이라 스스로 챙겨서 한다. 엄마가 옆에서 챙겨줄 때와 별 차이가 없다. 사실 엄마는 복직하기 전에 많이 걱정했는데 기특하게 잘 해내고 있다. 엄마는 혼자서는 제대로 진행되지 않을 것 같아서 '엄마표 영어를 그만해야 하나?' 심각하게 고민까지 했다. 그래서 사실 학원 테스트도 보았다. 그런데 학원 테스트 결과가 너무 좋게 나왔다. '엄마표 영어를 더 열심히 해야겠구나!' 엄마는 흔들렸던 마음을 다시 단단히 붙잡았다.

재연이 엄마는 전업맘이다. 엄마의 성향이 온순하고 우유부단해서 고집 있는 아이들을 컨트롤하기 쉽지 않았다. 규칙적인 생활 습관이 잡히지 않아서 하고 싶은 날은 하고, 하기 싫은 날은 쉬고, 들쑥날쑥했다. 아이들 케어가 잘 안 되는 상황에서 엄마는 갑자기 일을 시작하게 되었다. 생활 습관과 학습 습관이 잡혀 있지 않아 엄마의 부재가 클 것이라는 불길한 예감이 들었다. 역시 예감은 머지않아 현실로 다가왔다. 엄마는 직장에 나가도 마음 편히 일을 할 수 없었고 아이들은 방치되었다. 학원에 보내려고 하니 파트타임(part time)으로 번 수입을 고스란히 바쳐야 하는 상황이 되었다. 그나마 들쑥날쑥하던 학습 습관마저 다 무너졌다.

이 두 사례에서 보듯이 엄마의 부재에도 아이 스스로 챙겨서 하는 자기 주도 학습 습관이 잡혀 있으면 어떤 상황에서도 해낼 수 있다.

반대로 케어가 힘들어 남한테 아이를 맡긴다고 문제가 해결되지 않는다. 안에서 새는 바가지는 밖에서도 그대로 샌다. 순하고 착한 부모보다 권위는 있되, 아이를 존중하고 눈높이를 맞추는 부모가 아이를 잘 컨트롤한다. 아이에게 휘둘리면 이것도 저것도 되지 않는다. 무엇보다 아이가 부모를 쉽게 생각하면 집안의 규칙과 규율이 무너진다.

적당한 밀당 그리고 당근과 채찍. 이것이 고수 맘들의 특징이다.

초등 시기를 절대 놓치지 말고 주어진 시간을 최대한 활용하라.

희정 쌤의 엄마표 영어 미니 클래스

워킹맘의 효율적인 시간 활용법은?

1) 퇴근하면 신발 벗자마자 흘려 듣기 틀기

2) 저녁 차리는 동안 아이는 DVD 보기

3) 간단히 저녁 먹고 설거지는 일단 패스하기

4) 집중 듣기와 학교 과제 먼저 챙기기

5) 설거지는 아이가 잠든 후나 식기 세척기 활용하기

6) 잠자리 들기 전에 30분 잠자리 독서하기

전문가도 인정하는 엄마표 영어

나는 초중고 선생님, 영어 선생님, 영어 전공자, 영어 학원 원장, 외국계 회사 종사자, 외국 박사 학위자 등 다양한 분야의 부모를 만나고 있다. 전공자라도 내 아이를 어떻게 지도해야 할지 막막해하는 경우가 많고, 예전에 본인이 배웠던 방식으로는 의사소통이 자유롭지 않다는 사실을 알기 때문에 찾아온다.

근처 영어 학원 원장님이 프로그램이 궁금해서 찾아왔다. 영어는 엄마표 영어로 하는 것이 좋은데 본인은 동네에서 학원을 해서 하고 싶어도 할 수 없다면서 지민이 엄마에게 추천했다. 그렇게 지민이 엄마와 인연이 되었다. 영어를 배우는 방법과 방향은 다르지만 소개해 준 원장님께 감사의 마음을 전하고 싶다.

중학교 영어 선생님인데 교내 스피치 대회에서 우수상을 받은 남학생에게 영어를 어떻게 공부했는지 물었다. 보통 남학생이 여학생을 제치고 2등을 하는 것이 쉽지 않기 때문이다. 그렇게 수지 엄마와 인연이 되었다. 전교권 아이들은 선생님들이 직접 공부 방법을 묻기도 한다. 교무실에 왔을 때 은밀히(?) 말이다.

엄마표 영어 성공 Checklist

엄마표 영어로 아이에게 꼭 선물하고 싶은 3가지를 적어보세요.

ex) 유창한 스피킹, 아이의 꿈 이루기 등

1

2

3

WINNING ENGLISH

―――――――

"자녀교육의 핵심은

지식을 넓히는 것이 아니라

자존감을 높이는 데 있다."

- 레프 톨스토이

적당한 밀당 그리고 당근과 채찍.

이것이 고수 맘들의 특징이다.

초등 사기를 절대 놓치지 말고

주어진 시간을 최대한 활용하라.

2장

엄마표 영어,
엄마 손에 달려 있다

WINNING ENGLISH

"엄마표 영어는 꼭 성공할 수 있다는 확신과 흔들림 없는 마음과 자세가 중요하다. 엄마표 영어의 성공은 결국 엄마의 역할에 달려 있다."

영어,
초등 때 끝장내라!

언어의 결정적인 시기를 놓치지 말라

엄마표 영어는 모국어가 완성되는 7~8세에 시작하는 것이 좋다. 모국어가 완성되었기 때문에 언어를 담당하는 뇌의 영역이 발달되어 있고, 일정 시간 엉덩이를 붙이고 앉아서 집중할 수 있다. 집중력이 부족한 아이가 원서 집중 듣기를 하는 것은 쉽지 않다. 물론 나이에 비해 언어 발달이 빠르고 집중력이 있는 아이는 조금 일찍 시작해도 무방하다. 5세 이하는 엄마가 영어 그림책을 읽어주거나 영어 동요나 쉬운 원서를 오디오 음원으로 들려주면 된다. 즉, 청각을 통한 영어 소리 노출에 신경 쓰는 것이 좋다. DVD는 6세 이상부터 짧게 보여주는 것이 좋다.

초등은 우리의 뇌가 언어를 편안하게 받아들이는 시기이다. 뇌의 특별한 언어 장치가 작동하는 시기이며, 언어학자들이 말하는 스폰지처럼 언어를 흡수하는 시기이다. 습득으로 배우는 언어와 학습으로 배우는 언어는 뇌의 영역이 다르다고 한다.

교육을 크게 세 트랙으로 초등, 중등, 고등으로 나누면 초등이 시간적 여유가 가장 많은 시기이다. 그리고 대부분의 아이들이 착하다. 엄마의 말을 잘 듣는 나이다. 요즘은 초등 3~4학년만 되어도 사춘기가 왔다고 하는데 그래도 중고등학생에 비하면 순한 양이다. 엄마가 살살 구슬리면 먹히는 나이이다.

뇌 과학자 김대식 교수는 『12세 전에 완성하는 뇌 과학 독서법』에서 평생의 뇌를 좌우하는 결정적인 시기가 0~12세라고 했다. 그 이후에도 학습은 가능하지만 새로운 뇌 구조가 만들어지지 않는다고 한다. 아이의 뇌는 완성되지 않은 채 신경 세포들 사이에 최소한의 연결 고리만 가지고 태어난다. 보고 듣고 기억하는 인지 기능은 신경 세포들의 시냅스 연결에 의해 좌우된다. 무수한 연결 고리는 자라면서 촘촘하게 이어지고 신경 세포들의 연결 고리가 완성되는 시기가 바로 0~12세이다. 이때 언어 능력을 위한 시냅스가 활발하게 생성되기 때문에 외국어는 12세 이전에 배워야 유창해진다고 한다. 결국 뇌가 완성되는 결정적 시기가 외국어 교육의 결정적인 시기라는 것이다.

대치동을 이기는 엄마표 영어

아이의 뇌가 말랑말랑할 때 언어에 집중 투자하라

영어, 중국어, 프랑스어, 러시아어 기타 어떤 언어라도 좋다. 뇌가 말랑말랑할 때 소리 노출을 충분히 해주면 언어로 익힐 수 있다. 그중에서 영어는 세계 공용어이자 필수 언어이기 때문에 고민의 여지가 없다.

언어학자와 뇌 과학자의 연구와 시간적인 여유를 모두 고려하면 엄마표 영어의 최적기는 초등 시기이다. 그래서 초등 시기를 절대 놓치면 안 된다는 것이다.

혹시 아이가 중학생이면 그래도 시도해보라. 평생 쓸 자산인데 대학에 가서 배우는 것보다는 빠르다. 입시 영어만 하다 실용 영어 배우려고 새벽부터 학원에 줄 서는 대학생들이 많다. 원어민 교수가 들어오는 전공 수업을 알아듣지 못하기 때문이다. 방법을 몰라서 못 하는 것과 방법을 알아도 안 하는 것은 다르다. 두고두고 후회하며 평생 아이에게 미안한 감정이 들 수도 있다.

영어는 7~8세에 시작해서 6학년 즈음에 의사소통이 자유로운 아이가 되면 성공이다.

미디어 노출을 줄여야 하는 이유, 비디오 증후군

비디오 증후군은 유아기에 과도한 미디어나 TV 시청으로 유사 발달 장애, 유사 자폐, 언어 장애, 사회성 결핍 등을 겪는 정신 질환이다. 미국 소아과학회는 만 2세 미만의 아이에게 미디어 시청을 금지하고 있다. 24개월 이전에 형형색색의 자극적인 영상에 노출되면 뇌에 치명적인 장애가 생긴다. 뇌가 아직 발달되지 않았을 때 자극이 가해졌기 때문에 선천적인 영구 장애가 되는 것이다. 지나치게 말이 늦거나 이상 행동을 보이는 4세 미만 아이 중, 20~30%가 비디오 증후군에 해당된다고 한다. 주의력 결핍, 과잉 행동 장애, 언어 발달 장애, 사회성 부족 등이 나타나고 이런 이유로 6세 이상부터 영상 노출을 권한다. 그 이전에는 책과 소리를 통해 영어 노출을 해주는 것이 좋다. 요즘 너무 일찍 스마트폰이나 태블릿을 쥐여주는 부모가 많은데, 평생 사용할 아이의 소중한 뇌를 보호하는 차원에서 노출을 자제해야 한다.

2

옆집 엄마의 방해,
영원하지 않다

옆집 엄마 신경 쓰지 말라

잊을 만하면 어김없이 등장하는 옆집 엄마.

우리가 옆집 엄마한테 받는 영향은 지대하다. 본래 인간은 나약하기 때문에 남의 말에 잘 흔들린다. 우리 모두 정신 줄 꽉 붙잡아야 한다. 옆집 엄마가 우리 아이의 미래를 보장해주지 않는다. 알짜 정보는 진짜 친한 친구 아니면 잘 나누지 않는다. 게다가 옆집 아이가 자신의 아이보다 잘되기를 진심으로 응원하는 사람은 많지 않다. 혼자 잘될까 봐 두려워 같은 배를 타자고 출렁출렁 흔들어댄다. 처음에는 함께 성장하는지 함께 침몰하는지 알 방법이 없다. 훗날 잘못된 배였다는 사실을 알아차리고 후회해도 시간을 돌이킬 수 없다. 또래 엄마의 검증되지 않은 정보는 한 귀로 흘려들어라. 출렁이는 배에 함께 탑승하는 순간, 같이 침몰하는 것이다.

물론 가끔 긍정적인 영향을 주는 찐 옆집 엄마도 있다. 옥석을 가리는 것은 엄마의 몫이다.

내 아이는 나 스스로 지켜야 한다. 조언을 받고 싶으면 대입까지 치른 선배의 말을 참고하라. 대입까지 경험한 부모는 수많은 시행착오를 거치며 필요한 것과 불필요한 것을 가려내는 힘이 있다. '중심이 있는 부모가 중심이 있는 아이를 키운다.' 아이가 줏대 없이 자라기를 바라는 부모는 없다. 이리저리 남의 말에 갈대처럼 흔들리는 아이는 리더가 될 수 없다. 아이를 성공시킨 엄마의 내공은 장난이 아니다. 남의 말에 흔들리지 않고 자신의 계획대로 앞만 보고 간다. 아이와 세운 로드맵대로 뚜벅뚜벅 걸어간다. 절대 옆을 보며 두리번거리지 않는다.

'조금만 기다려. 나중에 누가 웃는지 보여줄게.'

중심이 있는 엄마는 옆집 엄마가 흔들면 흔들수록 속으로 생각하고 조용히 다짐한다. 코칭 받는 엄마가 직접 해준 이야기이다. 그리고 엄마 모임에 가면 괜히 불안한 마음이 생겨서 안 나간다고 한다.

옆집 엄마의 말은 그냥 무시하라. 그 방해가 결코 영원하지 않다.

대치동을 이기는 엄마표 영어

옆집 엄마의 돌변을 기대하라

"그렇게 해도 소용없어."

"중학교 가면 시험을 보니 문법 학원에 가야 해."

"내 친구 엄마표 영어 했는데, 실패했어."

여러 이유를 대며 마구 흔들어댄다. 언어는 눈에 보이지 않게 성장하기 때문에 답답하고 불안한 찰나, 옆집 엄마의 말은 솔깃하다. 하지만 몇 년만 지나면 옆집 엄마가 돌변한다. 본인도 방법을 알려달라며 과장 조금 보태 전화통이 불난다. 아이가 〈해리포터〉와 같은 원서를 읽고 영어로 말하기 시작하면 말이다. 눈 딱 감고 5년만 참아보자.

모국어도 5년 이상 노출되었을 때 의사소통이 자유로워지지 않았는가? 엄마표 영어는 야금야금 보일 듯 말 듯 성장하다가 중학교에 입학하면서 존재감을 뿜뿜 드러낸다. 학교에서 원어민과 유일하게 의사소통이되는, 손에 꼽히는 한 명이 우리 아이가 된다. 몇 년의 노력과 인내가 보상되는 순간이 반드시 온다.

'보상도 없고 성취감도 없으면, 과연 누가 몇 년의 시간을 투자할까?'

엄마표 영어의 역사가 20년이 넘었다. 효과가 없으면 진작 사라졌을 것이다. 학교에서 흡사 원어민 같은 영어 실력을 보이는 아이는 하나같이 엄마표 영어를 한 아이다. 공들여 노력한 시간은 결코 배신하지 않는다. 곧 기적과 같은 시간이 우리 아이에게도 온다.

남의 편, 내 편으로 만들라

생각보다 남편이 방해하는 집이 많다. 흘려 듣기가 시끄럽다고 끄라고 하거나 집중해서 DVD 보는 아이에게 자꾸 내용을 물어 흐름을 깨기도 한다. 엄마들은 주말에 남편 때문에 루틴이 깨진다고 하소연한다.

그러나 이것도 잠시이다. 아이가 연따를 하거나 리딩이 몰라보게 달라지면 시큰둥하던 남편이 관심 모드로 변한다. 슬그머니 자고 있는 아이의 방에 들어가 흘려 듣기를 틀어놓기도 한다. 어느 순간 방해꾼이던 남편이 열렬한 팬이 된다. 처음부터 관심이 많고 영어 환경 만들기에 적극적인 남편도 있다. 그리고 바쁜 엄마를 대신해서 아빠가 직접 챙기는 집도 있다.

형진 아빠는 육아 휴직을 내고 하나부터 열까지 아이들을 자상하게 챙긴다. 복직하면서 퇴근 후에 지치고 힘들어도 나를 만나러 온다. 엄마

대치동을 이기는 엄마표 영어

는 카톡 사진으로만 보았을 뿐, 한 번도 보지 못했다. 전생에 나라를 구하지 않았을까 싶다. 멋지고 훌륭한 남편을 둔 형진 엄마를 다른 엄마들이 무척 부러워한다. 아이들은 아빠의 열정 덕분에 오늘도 성장한다.

도연이 아빠는 단어를 암기시키고 파닉스를 가르치며 아이를 힘들게 한다. 중심이 약한 엄마는 남편한테 두 손 두 발 다 들었다. 남편의 방해에도 엄마의 중심만 확고하면 절대 흔들리지 않는다. 확신이 부족하고 아이를 챙기기도 귀찮으니 포기할 궁리를 하게 되는 것이다. 특히 남편의 방해와 아이의 사춘기가 겹치면, 처음에 불타던 의지는 연기처럼 사라지고 만다.

남편이 방해하거나 회의적이면 적극적으로 대처하라. 우리가 영어를 10년 이상 배워도 말 한마디 못 하는데, 우리 아이도 그렇게 자라기를 바라느냐고 설득하라. 앞으로 아이가 살아갈 세상은 우리가 살아온 과거와 전혀 다른 세상이다. 아이의 미래가 걸린 중차대한 문제인데 편한 길로 가려는 소극적인 태도는 버려라. 영어 환경 만들기에 조금만 힘쓰면 길이 보이는데 미처 걸어보지도 않고 못 걷겠다고 포기해 버리는 것이 안타깝다.

'포기는 배추 셀 때만 있다.'

'내 인생에 절대 포기란 없다.'

매일 되뇌이며 자신을 다독여라.

남편과 엄마표 영어 전문가의 강연이나 유튜브를 보고 관련 도서를 함께 읽어라. 남편의 방해만 없어도 반은 성공이다. 부모가 함께 환경을 만들면 시너지가 나고 효과는 배가 된다. 양육과 교육은 부부가 함께 하는 공동의 일이다. 남편과 아이를 핑계로 못 하는 이유를 찾는 엄마를 보면 너무 안타깝다. 불과 몇 년 후에 땅을 치며 후회할 것을 알기 때문이다. 용기를 내서 시작한 친구의 아이는 원어민처럼 성장했는데 본인의 아이만 계속 제자리걸음이면 말이다.

어느 영재 학교의 가정을 조사해보니, 양육과 교육에 아빠의 참여와 관심이 높고 적극적이라는 결과가 나왔다. 아이의 재능을 사장시키지 않으려면 아빠도 함께 관심을 가져야 한다. 부모가 한마음 한뜻이 되어 양육과 교육 공동체가 되면 아이를 훨씬 훌륭하게 키울 수 있다.

요즘 '엄빠표 영어'라는 말이 솔솔 나오고 있다. 그만큼 아빠의 관심과 참여가 높아지고 있다. 하지만 안타깝게도 현장에서 보면 아직 엄마 혼자 애쓰는 집이 너무 많다.

남의 편인 남편을 내 편으로 만들라.

WINNING ENGLISH

"일상을 바꾸기 전에는

삶을 변화시킬 수 없다.

성공의 비밀은 자기 일상에 있다."

- 존 맥스웰

3

우리 집을
미국으로 만들어라

미국에서도 DVD와 원서로 배운다

이제부터 우리 집이 미국이라고 상상해보라. 주변의 모든 소리를 영어로 바꾸자.

영어로 DVD 보기.

영어로 노래 듣기.

영어로 된 책(원서) 보기.

위의 세 가지만 지켜도 성공이다.

여름 방학 때 소희가 미국에 다녀왔다. 엄마들은 영어를 사용할 기회가 많았으니 실력이 많이 늘었겠다고 부러워했다. 그러나 소희 엄마는 여러 상황 때문에 원어민과 많이 말하지 못했고 미국에서도 DVD와 영어 방송 그리고 도서관에서 원서를 읽었다고 했다. 한국에 있을 때와 똑같이 영어에 노출된 환경을 아이에게 만들어준 것이다.

소희는 현지에서 우연히 원어민과 소통하고 친해지는 기회를 얻었다. 원어민이 소희의 실력에 깜짝 놀라며 한국에서 영어를 어떻게 배웠냐고 물었단다. 놀라는 원어민을 보고 엄마가 더 놀랐다. 영어 귀가 트여 있으면 원어민과 간단한 대화는 물론 깊이 있는 대화도 가능하다. 소희와 엄마는 한국에 돌아가서 더 열심히 해야겠다고 다짐했다고 한다. 엄마는 원어민의 말을 알아듣고 자연스럽게 대화하는 소희의 모습이 신기했다. 굳이 영어권 나라를 가지 않아도 우리 집에서 영어 정복이 가능하다.

영어에 자신감이 생기고 충분히 의사소통이 가능할 때 외국에 나가는 것을 추천한다. 현지에 가서 그동안 쌓은 실력을 직접 확인해보는 짜릿함과 성취감을 느낄 것이다.

해외에 나가기 전에 우리 집을 미국으로 만들어라. 그리고 공짜로 영어 배우자.

4

지적은 NO!
칭찬은 YES!

칭찬은 고래도 춤추게 한다

엄마표 영어를 진행하는 과정 중에 최고의 난관은 아이의 단점이 보이는 순간이다. 여기서부터 행복 끝! 불행 시작이다.

아이의 DVD 보는 태도가 영 마음에 안 들고, 집중 듣기는 뜻을 알고 따라가는 것인지, 그냥 삐딱하게 앉아서 대충하는 것 같다. 다른 아이는 단어나 문장을 내뱉고 원어민과 대화도 된다는데, 우리 아이는 도대체 언제 되는지 불안하다. '과연 되기는 하는 건지?' 아이의 뒤통수가 불만족스럽다.

처음에는 DVD 30분만 보아도 신기하고 감사한 마음이 들더니 점점 욕심이 생기기 시작한다. 오늘은 유독 아이의 리딩하는 발음도 마음에 안 든다. 엄마의 눈에는 모든 것이 마음에 안 들고 단점투성이다.

"똑바로 앉아서 봐."

"발음 또박또박 정확하게 읽어."

"이 단어 뜻 뭐야?"

"원서 내용 말해봐."

주눅이 들어 대답이라도 못 하는 날은 잔소리를 폭풍처럼 쏟아낸다. 아이가 눈물 콧물 범벅이 되어도 아랑곳하지 않는다. 엄마의 불안한 마음과 완벽주의 성향이 아이의 마음에 생채기를 내고 날카로운 비수가 되어 꽂힌다.

"이렇게 대충하려면 학원에 가."

"매일 단어 죽도록 외우고 테스트 봐야 정신 차리지."

"밤늦게까지 숙제해봐야 지금이 편한 줄 알지?"

마치 엄마들끼리 약속이라도 한 듯 같은 내용으로 협박한다. 아이는 하루의 분량을 묵묵히 소화하고 있는데 괜히 엄마 마음이 시끄러운 날은 기어이 아이를 잡고야 만다. 아이는 그 자리에 그대로 있는데 엄마 혼자 요동친다. 이제 DVD가 잘 들리고 이해가 돼서 집중해서 보지 않은 것인데 억울하다. 동시에 아이는 영어에 대한 흥미와 재미가 뚝 떨어진다. 엄마에 대한 마음도 뚝 떨어진다.

아이가 잘하든 못하든 매일 할 일을 해내면 칭찬과 당근을 주자. 칭찬 스티커도 좋고 아이가 원하는 것을 함께 해주어도 좋다. 달콤한 보상은 아이가 지치지 않고 매일 할 일을 하게 하는 원동력이다. 꾹 참고 무조건 칭찬해주어라.

부모의 칭찬은 아이의 성장에 날개를 달아준다.

칭찬으로 자존감을 높여라

부모에게 늘 지적받는 아이는 자존감이 낮다. 자존감이 낮은 아이는 매사에 의욕이 없고 스스로 잘하는 것이 없다고 생각한다. 그리고 새로운 도전 자체를 두려워한다. 엄마도 집안일이 하기 싫은 날은 슬쩍 미루고, 밥하기 싫은 날은 외부 음식을 배달시켜 먹는다. 그런데 아이는 오늘도 최선을 다하고 있다. 아이가 하교하면 부드러운 미소로 힘껏 한 번 안아 주자.

"학교 잘 다녀와서 고마워."

대치동을 이기는 엄마표 영어

"엄마 아들(딸)로 태어나줘서 감사해."

"네가 엄마 아들(딸)이라서 자랑스러워."

"너무 사랑해."

엄마의 칭찬에 아이는 오늘도 묵묵히 자리를 지키고 앉는다. 아이가 리더로 성장하기를 바라면 먼저 자존감을 높이는 데 최선을 다하라. 자존감 높이기의 제1원칙은 '무조건 칭찬해주기'이다. 아주 사소한 것도 구체적인 수식어를 붙여서 칭찬해보라.

"아침밥을 이렇게 반듯하게 앉아서 먹으니 너무 예쁘네."

"허리 펴고 앉아서 집중해서 문제 푸는 모습이 대견해."

"엄마가 말하지 않아도 스스로 손 씻고 오다니, 와우 멋져!"

부모의 칭찬에 아이는 스스로 예쁘고 대견하고 멋진 사람이라고 생각한다. 아이는 더 멋지게 행동하려고 노력하고 부모는 또 칭찬해주고 선순환이 되는 것이다. 아이들은 생각보다 작은 보상과 칭찬에도 기뻐한다.

칭찬으로 아이의 자존감을 높여주어라.

완벽주의 엄마는 아이를 지치게 한다

　실제 엄마와 마찰이 심한 아이와 미팅해보면 아이의 문제는 없다. 단지 엄마의 문제만 있을 뿐이다. 아이는 엄마한테 받은 상처와 잔소리 때문에 영어가 싫어졌다고 한다. 재미있게 보던 DVD를 엄마 마음대로 바꾸거나 동일한 DVD만 본다고 잔소리하고 반대로 계속 반복해서 보라고 강요하는 등 다양한 이유로 아이는 영어에서 멀어진다.

'과연 우리는 얼마나 초등 시기에 집중해서 공부했나?'
'과연 우리 아이처럼 하루를 계획대로 살았나?'

가슴에 손을 얹고 잠시 반성하는 시간을 가져보자.
우리 아이는 오늘 그것을 해내고 있다.

　아이에게 관심을 가지고 옆에서 함께 하는 엄마는 덜 불안하다. 이런 저런 이유로 아이 옆을 지키지 못하는 엄마는 늘 불안하다. 특히 완벽주의 성향을 가진 엄마는 아이를 지치고 힘들게 한다. 언어는 서서히 계단식으로 성장하는데 처음부터 완벽하기를 바란다. 그래서 아이에 대해 불평과 불만이 가득하다. 수많은 부모를 만나면서 아이에게 만족하는 부모는 한 명도 보지 못했다. 알파벳도 모르던 아이가 리딩을 하면 발음이 안 좋다고 불만이다. 쓰기를 시작하면 철자가 틀렸다고 불평이다. 아이가 스피킹을 할 때 자신감이 없다고 불평불만이다. 내 아이에게 불평불만이 가득한 것은 엄마의 욕심 때문이다.

영채 엄마는 영채가 반듯하게 책상에 앉아서 집중 듣기 하기를 원한다. 글씨를 예쁘게 쓰라며 아이가 쓴 영어 일기를 지우개로 깨끗이 지운다. 영채는 엄마와 함께 하는 영어 시간이 전혀 즐겁지 않다. 책상에 앉을 때마다 완벽함을 요구하는 엄마 때문에 숨이 막힌다.

자세가 조금 반듯하지 않고 글씨가 서툴러도 문제 되지 않는다. 새로운 것을 알아가는 설렘과 성장하는 과정의 즐거움이 중요하다. 엄마와 함께 하는 활동이 즐거워야 아이는 엄마와 함께하고 싶다.

완벽함보다 더 중요한 것은 배움의 즐거움을 알게 해주는 것이다.
마음이 편해야 영어가 편해진다.

아이와의 관계가
성공의 열쇠

먼저 아이와 관계를 개선하라

엄마표 영어가 성공하려면 아이와 관계가 좋아야 한다. 아이와 소통이 잘되고 관계가 좋으면 진행이 순조롭다. 반대로 아이와 소통이 잘 되지 않으면 진행이 어렵다. 소통이 안 되면 관계도 깨지고 엄마표 영어도 결국 깨진다. 아이가 엄마표 영어를 통해 칭찬받을 기회가 많아지면 자신감과 자존감이 높아져 영어뿐 아니라 다른 부분에도 영향을 받는다. 엄마표 영어로 인해 오히려 엄마와 아이의 관계가 좋아지고 영어 실력은 덤으로 얻게 된다.

아이와 관계가 좋아지려면 조급함을 먼저 버려야 한다. 우리 아이의 성장 속도를 인정하고 그대로 받아들이는 태도가 필요하다. 다른 아이와의 비교는 자신감 저하와 자존감 하락을 가져오기 때문에 절대 금물이다. 비교 대상이 있으면 우리 아이가 늘 부족해 보인다.

'우리 아이가 느려 보이는 이유는 내 마음이 급하기 때문이다.'

지시, 명령, 협박이 아니라 존중, 공감, 칭찬만이 엄마표 영어의 성공 조건이다.

엄마표 영어를 성공하고 싶으면, 무엇보다 아이와의 관계와 소통에 공을 들여라.

부모는 아이의 든든한 날개이다

성장하지 않는 아이는 없다. 단지 성장할 때까지 부모가 기다려주지 못하는 것이다. 아이 스스로도 느려서 답답한데 부모가 계속 지적하면 아이는 설 곳이 없다.

사춘기 아이들에게 집에 들어가고 싶지 않은 이유를 물었는데 집이 편하지 않아서라고 대답했다. 밖에서도 인정과 칭찬을 못 받는데 집안에서도 인정받지 못하면 아이는 삶의 의욕마저 잃어버리게 된다. 무기력해지고 스스로 잘할 수 있는 것이 아무것도 없다고 생각하게 된다.

오늘도 아이는 경쟁이 치열한 학교와 학원에서 상처를 받는다. 부모의 응원과 격려는 자신감이 낮아진 아이를 하늘 높이 날아오를 수 있게 해주는 든든한 날개이다. 아이는 부모라는 든든한 날개를 달고 넓은 세상으로 힘차게 날아오를 준비를 한다. 부모는 아이를 지지해주고 든든한 버팀목이 되어주어야 한다.

지쳐서 귀가한 아이에게 따뜻하게 말해주자.

"오늘도 힘들었지?"
"오늘도 수고했어!"

아이의 동기부여가 먼저이다

대부분의 아이에게 영어는 어려운 과목이다. 흥미가 별로 없고 재미도 없다고 느낀다.

"난 한국 사람인데 영어를 꼭 배워야 해?"
"외국에서 살 것도 아니고 외국인을 만날 일도 없는데?"

여러 이유를 대며 영어를 거부하는 아이들이 있다. 어려서부터 자연스럽게 노출된 경우는 대부분 편하게 받아들이지만 싫다고 강하게 거부하는 아이도 있다. 이런 경우 영어를 배워야 하는 이유를 먼저 자세히 설명해주는 것이 좋다. 영어는 학교에서 교과목으로 배우고 시험으로 평가도 하지만 해외여행을 갔을 때, 또는 한국에서도 외국인을 만날 수 있다. 그리고 관심 있는 분야를 유튜브로 보거나 구글(Google)에서 검색하려면 영어는 꼭 배워두어야 편리하다고 설득하자.

대학 졸업 요건으로 영어 공인 인증 점수를 요구하는 학교들이 있다. 취업할 때나 승진할 때도 영어 회화는 이제 필수이다. 삼성, LG, 두산, 포스코 등 국내 약 1,700여 개의 대기업과 공기업에서 채용 및 인사 제도에서 OPIC 점수를 활용하고 있다. OPIC은 1:1 인터뷰 평가인데 외국어 '말하기 실력'을 평가하는 시험으로 단순히 문법이나 어휘 등을 얼마나 알고 있는지 측정하는 시험이 아니다. 실생활에서 얼마나 효과적이고 적절하게 언어를 사용할 수 있는지를 확인하는 '언어 평가 시험'이다. 이제 대학이나 사회에서 요구하는 영어 실력은 말 못 하는 시험용 영어가 아니라 실제로 활용 가능한 의사소통용 언어이다.

영어를 거부하거나 영어에 흥미를 보이지 않는 아이에겐 실용 영어를 배워야 하는 이유를 자세히 설명해주어라. 그래야 아이 스스로 영어를 잘해야겠다는 마음이 생긴다. 무조건 영어가 중요하니까 배워야 한다고 하면 아이는 잘 수용하려고 하지 않는다. 아이의 마음이 움직여야 영어를 받아들이는 속도가 빠르다.

대치동을 이기는 엄마표 영어

6

우리 아이의
눈높이에 맞추어라

아이마다 고유한 기질과 성향이 있다

"다른 아이는 몇 개월 만에 흥얼거리는데 언제쯤 나올까요?"

"왜 우리 아이만 아웃풋이 안 나올까요?"

"다른 아이가 좋아하는 원서를 왜 좋아하지 않을까요?"

"우리 아이는 한 번 본 DVD는 다시 보려고 하지 않아요."

아이마다 좋아하는 음식, 색깔, 취향이 다르듯 좋아하는 DVD와 원서가 다른 것은 자연스러운 일이다. 어른도 좋아하는 노래, 책, 영화가 다르듯 아이들도 그렇다. 온전히 아이의 눈높이에 맞추면 걱정도 줄고 마찰도 줄어든다. 아이가 보고 싶은 대로 보고, 듣고 싶은 대로 듣고, 읽고 싶은 대로 읽게 내버려 두면 된다. 아이마다 고유한 기질과 성향이 있는데 부모가 원하는 대로 바꾸려 해서 불행이 시작되는 것이다.

충돌과 마찰은 아이의 기질을 온전히 받아들이지 않는 마음에서 비롯된다. 아이의 기질과 성향을 인정하고 여유롭게 바라보는 자세가 필요하다. 여유로운 눈으로 아이를 바라보면 집안의 평화가 찾아온다. 아이가 하기 싫다고 징징거리면서 집중 듣기를 하면 그냥 못 본 척 지나가라. 하기 싫다고 징징거려도 자리에 앉아 있으면 감사한 일이다. 아이가 참으면서 한다는 사실만으로 충분히 칭찬받을 만하다.

"그렇게 하려면 하지 마."

하지만 아쉽게도 대부분의 부모는 하기 싫어도 묵묵히 하려는 아이의 의지마저 꺾어 버린다. 부모의 기준에서 부족하다 싶으면 채근하고 잔소리한다. 아이는 자신의 마음을 몰라주는 부모가 야속하다. 성향에 따라 부모에게 적개심을 품기도 하고 그나마 있던 학습 의욕도 사라진다.

'어차피 해도 혼나고 안 해도 혼나는데. 하지 않을래.'

성향에 따라 극단적인 선택을 하는 아이도 있다. 우리 아이의 기질과 성향을 잘 살펴보아라.

대치동을 이기는 엄마표 영어

내가 원하는 아이가 아니라 타고난 그대로의 아이를 존중해야 부모도 아이도 행복하다.

사춘기의 오해

부모는 아이가 자신의 의견을 말하고 하기 싫다고 표현하면 사춘기가 왔다고 생각한다. 아이가 대든다고, 말대답한다고, 버릇없다고 단정 짓고 아이의 말에 귀를 기울이지 않는다. 오히려 아이를 더 세게 누른다. 아이를 사랑하지 않는 부모는 한 명도 없다. 하지만 사랑한다는 미명 아래 부모가 정해놓은 기준에 맞추고 재단하고 부모 마음대로 조정하려고 한다.

"한번 받아주면 끝도 없이 요구할 것 같아요."
"하루 쉬게 해주면 또 쉬고 싶다고 할 것 같아요."
"차라리 매일 하는 것이 나아요."

부모들의 걱정은 한결같다. 부모의 생각대로 결정하고 아이에게 무조건 따르라고 한다. 아이의 의견을 존중하고 아이의 생각은 어떤지 조율하고 협조를 구하는 것이 좋다.

"고학년 되었으니 집중 듣기 시간 좀 늘리는 것이 좋을 것 같은데, 네 생각은 어때?"

"고학년이 되었으니 하루에 30분 이상 집중 듣기 해!"

어느 표현이 과연 아이의 마음을 움직일 수 있을까? 아이도 감정이 있다.

"무조건 남의 말을 따르는 아이로 성장하기를 바라나요?"

"자신의 의견을 말하고 주장이 있는 아이로 성장하기를 바라나요?"

아이가 자신의 의견을 말하는 것은 사춘기가 아니다. 자신의 의견도 표현하지 못하고 남이 시키는 대로 하는 수동적인 아이로 자라기를 바라는 부모는 없다. 아이에게 자신의 의견을 말할 기회를 주어라. 아이의 작은 의견에도 귀 기울이고 아이를 존중하는 자세가 필요하다.

엄마표 영어에서 아이의 눈높이를 맞추는 것은 아주 중요하다.

7

엄마의 관심과
꾸준함이 답이다

관심과 꾸준함의 탑을 쌓아라

"전교에서 영어를 제일 잘한대. 엄마표 영어 했대."

"두꺼운 원서를 술술 읽는대."

"DVD를 자막 없이 보고 이해한대."

성공한 아이를 보고 엄마는 마음을 단단히 먹는다. 원서도 구입하고 DVD도 세트로 들이고 요이, 준비, 땅! 시동을 걸지만 아이의 반응은 시큰둥하다. 엄마표 영어 성공담 책, 원서, DVD 자료는 넘쳐나는데 앞이 깜깜하고 어떻게 해야 할지 막막하다.

'이렇게 보고 듣기만 해도 되는 거야?'

'언제까지 옆에서 챙겨주어야 하는 거야?'

'앞집 아이는 영화 보는데 우리 아이는 낮은 단계 보잖아. 괜찮을까?'
'뒷집 아이는 두꺼운 원서 읽는데, 언제 따라가지?'

영어는 언어이기 때문에 기초부터 차근차근 밟아야 한다. 앞집 아이와 뒷집 아이의 실력을 따라잡으려고 생각하면 시작하기도 전에 한숨부터 나오고 마음이 급해진다. 엄마표 영어는 '시간의 탑을 쌓는 과정'이다. 앞집 아이와 뒷집 아이는 오랜 시간 노력하고 그 과정을 꾸준히 실천했기 때문에 지금의 실력을 얻게 된 것이다.

세상에 노력 없이 공짜로 얻는 것은 없다. 늦었다고 시작할 때가 가장 빠른 때이고, 이 시간이 지나면 더욱 멀어진다. 느려 보여도 조금씩 시간을 쌓다 보면, 어느 순간 앞집 아이, 뒷집 아이 못지않게 성장해 있는 내 아이가 눈에 들어온다.

준서는 초3에 엄마표 영어를 시작했는데, 앞집 친구의 스피킹 실력을 보고 깜짝 놀라서였다. 앞집 친구의 진도를 빨리 따라가고 싶은 마음에 준서는 하루도 빠지지 않고 열심히 했다. 먼저 시작한 앞집 친구는 어느 순간부터 게임에 빠져 노출 시간이 현저히 줄었다. 3년이 지나자 준서의 실력이 앞집 친구의 실력을 뛰어넘었다. 시작한 시점보다 성실한 자세가 더 중요하다.

욕심을 내려놓고 꾸준히 진행하다 보면 놀라운 순간이 찾아온다. 매일 하지 못했다고 자책하지 말라. 아이가 아픈 날도 있고 여행 가는 날도 있으니 노출의 끈만 놓지 않으면 된다. 꾸준히 실천하는 힘이 중요하다. 우리 아이의 속도대로 가는 것이 엄마표 영어이다. 느긋한 마음으로 멈추지 않으면 된다. 엄마의 관심과 꾸준함은 엄마표 영어를 성공으로 이끄는 힘이다.

욕심과 조급함은 실패의 원인

나은 엄마는 엄마표 영어의 효과를 잘 안다. 하지만 용기가 나지 않고 직접 챙겨주는 것이 귀찮아서 학원에 보냈다. 어느 날 집에 놀러온 같은 반 친구의 발음을 듣고 부랴부랴 시작했다. 애초에 고민하다 같이 시작하지 못한 것을 후회했고, 이제라도 열심히 하겠다고 결심했다. 친구와 진도와 실력 차이가 나니 시작부터 마음이 급했다. 급한 마음에 아이를 다그치고 DVD를 반복해서 보게 했다. 일찍 시작하지 못한 후회와 조급함에 아이를 힘들게 했다. 나은이는 슬슬 DVD 보기를 거부했다. 결국 중도에 포기했다. 첫 단추 끼기가 얼마나 중요한지 알려주는 사례이다. 아이가 DVD의 재미를 미처 알기도 전에 엄마의 강요에 흥미를 잃고 말았다.

태준이 엄마는 세 명이 함께 상담을 받았다. 한 명은 엄마표 영어를 선택했고 나머지 둘은 학원표 영어를 선택했다. 3년 뒤 A어학원 테스트를 함께 보았다. 결과는 엄마표 영어를 한 아이의 레벨이 월등히 높게 나왔다. 그 사이에 태준이는 6학년이 되었고 엄마의 마음이 역시 급해졌다. 성급한 마음에 하루에 두 배의 양을 시켰다. 나중에 알게 된 사실이다. 얼마 지나지 않아 아이는 지쳐서 나가떨어졌다. 성실하고 우수한 아이였는데 엄마의 욕심과 조급함에 아쉬움을 남긴 채 짧은 기간으로 이별하게 되었다. 아무리 급해도 바늘허리에 실 매어 쓸 수 없는 법, 급할수록 돌아가야 한다. 잘 성장할 수 있는 언어 감각이 좋은 아이였는데 기억에 남는다.

아이가 영어를 거부하는 첫 번째 신호는 DVD를 보지 않겠다고 하는 순간이다. 태준이도 DVD 보기부터 거부했다. 반항심으로 대부분 엄마가 강조하는 것부터 안 하기 시작한다. 아이가 선전포고하면 다시 마음을 돌리기까지 한참의 시간이 걸린다. 영원히 마음을 돌리지 않는 경우도 있다.

서희 엄마는 아이가 영어를 잘했으면 싶은 바람에 6세부터 영국 문화원에 보냈다. 아이는 원어민의 외모도 무섭고 여러 가지 상황으로 인해 영어를 싫어하게 되었다. 알파벳도 보기 싫어하고 영어 글씨가 있는 옷

조차 입지 않고 심하게 거부해서 10세까지 손 놓고 있어야 했다. 엄마는 무려 4년 동안 기다려야 했고 아이는 나와 인연이 되어 차츰 영어에 대한 안 좋은 기억을 긍정적으로 바꾸기 시작했다. 아이가 원하지 않을 때 엄마의 욕심으로 억지로 끌고 가면 다시 마음을 열기까지 몇 배의 시간이 흘러야 한다는 사실을 기억하자. 엄마의 마음 비우기가 중요하다.

서두르면 그르치게 된다. 위의 사례에서 보듯 아이의 속도에 맞추지 못하고 서두르면 결국 실패한다. 엄마의 욕심과 조급함은 아이를 포기하게 만들고 지치게 만든다. 다그치거나 하루에 많은 양을 투입한다고 단숨에 실력이 늘지 않는다. 마음을 비우고 차근차근 시간을 채워야 한다.

적당히! 천천히! 꾸준히! 진행해야 끝까지 할 수 있다.

서서히 영어의 재미에 빠지게 도와주는 엄마가 결국 성공한다.

유태인의 천재 교육을 롤모델(role model) 삼자

우리 아이가 어떤 DVD와 원서를 좋아하는지 세심히 살피면서 이끌어주어라. 아이를 양육할 때 놓치기 쉬운 부분이 우리 아이의 기질과 장점이다. 부모가 원하는 아이가 아니라, 아이가 가지고 있는 재능이나 성향을 살펴 능력을 최대치로 끌어주는 것이 훌륭한 부모이다.

우리는 유태인의 천재 교육을 눈여겨볼 필요가 있다.

첫째, 남보다 뛰어난 아이가 아니라 남과 다른 아이로 키워라.

둘째, 아이가 가고 싶은 길을 찾아 능력이 지닌 한계까지 이끌어 주어라.

셋째, 정해진 일을 시간 안에 마치는 습관을 익히게 하라.

넷째, 지식을 주입하기보다 지식을 얻는 방법을 가르쳐라.

다섯째, 배움이 얼마나 재미있는 놀이인지 알게 하라.

여섯째, 남에게 가정 교육을 간섭받지 말라.

일곱째, 아이가 잠들기 전에 책을 읽어주어라.

여덟째, 이야기에 담긴 교훈을 아이 스스로 찾게 하라.

아홉째, 나쁜 감정은 그날그날 해소하게 하라.

열째, 답을 알려주기보다 스스로 답을 찾는 법을 알려주어라.

유태인은 전 세계 인구의 0.2%에 불과하다. 하지만 노벨상 수상자의 22%, 미국 100대 부자의 30%, 아이비리그 교수의 40%, 천재 발명가 아인슈타인, 에디슨, 미국 빅테크 기업 CEO 빌 게이츠, 마크 저커버그, 제프 베이조스, 천재 감독 스티븐 스필버그, 투자의 대가 워런 버핏 모두 유태인이다. 그들은 세계의 경제, 금융, 언론에서 두각을 나타내고 많은 부를 축적했다.

대치동을 이기는 엄마표 영어

IQ 순위는 한국이 2위, 유태인이 45위이다. 아주 흥미진진한 결과이다. 유태인보다 훨씬 우수한 두뇌를 가진 한국의 아이들이 제대로 된 교육을 받지 못하고 있다. 게다가 천편일률적인 주입식 교육은 아이들을 하향평준화시키고 있다. 한국 아이들이 해외에 나가서 두각을 나타내는 이유는 현지의 우수한 교육을 받고 능력을 최대치로 발휘하기 때문이다.

유태인 부모는 아이의 장래에 지나친 기대나 환상을 가지지 않는다고 한다. 유태인 부모의 숨겨진 교육 비법을 기억하고 우리도 실천해보자. 다 같이 안 하면 마음이 편한데 우리 아이만 안 하면 불안하다. 비교와 경쟁 심리가 우리 아이의 잠재력과 재능을 사장시키고 있다.

물고기 한 마리를 주면 하루를 살 수 있지만,
물고기 잡는 법을 가르치면 평생을 살 수 있다.

GRIT(끈기)은 성공의 지름길

펜실베니아 대학교 심리학자 앤젤라 더크워스(Angela Duckworth) 교수는 성공의 비결은 재능이 아니라 GRIT(끈기)이라고 했다. GRIT은 IQ, 재능, 환경을 뛰어넘는 열정과 끈기 그리고 절대 포기하지 않는 태도이다.

인생에서 중요한 성공의 조건이자 몇 년 동안 꾸준히 지속하는 힘이다. 평범한 지능이나 재능을 가진 사람도 열정과 끈기로 노력하면 결국 성공할 수 있다는 것이다.

성공의 정의 = 절대 포기하지 않는 태도 = 끝까지 해내는 것.

왜 누구는 중간에 포기하고 누구는 끝까지 노력해서 성공할까? 바로 GRIT 때문이다.

앤젤라 더크워스 교수는 미국 육군사관학교에서 어떤 사관생도가 끝까지 훈련을 받고 누가 중도 탈락하는지를 연구했다. 또 문제아만 있는 학교에 배정된 초임 교사 중에 누가 끝까지 포기하지 않고 성과를 끌어내는지 연구했다.

"아이가 어떤 일을 시작만 하고 중간에 포기하기를 원하나요?"
"끝까지 참고 인내하며 완수하기를 원하나요?"

아이는 부모의 거울이고, 부모는 아이의 롤모델(role model)이다. 꾸준하지 못한 아이를 혼낼 것이 아니라, 꾸준한 부모가 되어 몸소 보여주어야 한다. 그래야 아이가 변한다.

"엄친아(엄마 친구 아들) 부럽다고요?"

그들의 부모를 한번 찬찬히 살펴보자. 양육 태도가 남다르다. 노력 없이 성공하는 비법은 세상 어디에도 없다. 성공하는 사람은 성공할 때까지 노력하는 사람이다.

8

거북이처럼 느려도
성공할 수 있다

느린 아이일수록 엄마표 영어가 답이다

학원표 영어는 우리 아이의 속도를 기다려주지 않는다. 그룹으로 수업 받기 때문에 대부분 빠른 아이의 속도에 맞추어 진행된다. 그래서 특히 느린 아이는 따라가기 버겁다. 아무리 느린 아이도 모국어를 유창하게 구사한다. 언어 감각이 뛰어난 아이는 4세 전후면 의사소통이 가능하다. 자기가 하고 싶은 말을 거의 다 한다. 언어 감각이 느린 아이도 6세 정도면 의사소통이 가능해진다. 7세 정도면 의사소통뿐 아니라 읽고 쓰기도 가능해진다. 영어도 언어이기 때문에 모국어의 성장과 흡사하다.

다년간 꾸준히 영어에 노출시키면 느려도 정복할 수 있다. 인간의 뇌는 신기하다. 일정 기간 같은 언어에 연속적으로 노출되면 처음에는 소음처럼 들리다가 서서히 뇌로 전달되면서 언어로 인식하기 시작한다. 만약 이 결과가 틀렸다면 한국에서 태어났어도 한국말을 못 하는 아이가 있어야 한다. 그러나 단 한 명도 없다. 바꾸어 말하면 아무리 느린 아이도 제대로 된 방법으로 지속하면 결국 듣기 말하기 읽기 쓰기가 가능해진다는 것이다. 언어 감각이 뛰어난 아이만 되는 것이 아니라 거북이처럼 느린 아이도 된다. 단지 속도가 느리고 시간이 좀 더 걸릴 뿐이다.

서진 엄마는 둘째가 문자 인식이 더뎌서 초3 때 겨우 한글을 읽었다고 했다. 그래서 영어는 나중에 하거나 첫째만 하겠다고 했다. 한글 습득이 너무 오래 걸려서 시작 전부터 겁이 났던 것이다. 자라 보고 놀란 가슴 솥뚜껑 보고 놀란다는 속담처럼 말이다. 첫째가 먼저 시작했고 둘째는 자연스럽게 영어 환경에 노출시키면서 관심이 생기는 시점에 바로 시작했다. 벌써 3년이 지났고 발음은 원어민이라는 착각이 들 정도로 성장했다. 첫째보다 발음이 더 좋다. 미국 시사 잡지를 보고 영어 일기도 별 어려움 없이 쓴다. 언어가 느린 서진이가 성공할 수 있었던 비법은 아이의 기질과 언어적 감각을 파악하여 적절한 타이밍에 시작한 것이다. 그리고 성실하게 시간을 차곡차곡 쌓으며 기다린 덕분에 얻은 귀한 선물이다.

요즘 언어 치료를 받고 있는 아이들이 생각보다 많다. 코칭하는 아이 중 여러 명이 있다. 말을 더듬거나 발음이 부정확하고 소리를 밖으로 내뱉지 못하고 입안에서 웅얼거린다. 이런 아이도 몇 년을 노력하면 영어를 한국말보다 정확하게 발음하기도 하고 목소리에 자신감이 생긴다. 성격도 긍정적으로 변한다.

거북이처럼 느린 아이가 성장했을 때 느끼는 성취감과 보람은 더 크다. 두 아이의 성공 비법은 칭찬으로 아이의 자존감을 키워주고 자신감을 계속 북돋아 준 것이다. 그리고 느린 아이를 답답해하던 엄마의 양육 태도가 크게 변했기 때문에 가능한 일이었다.

노력해서 안 되는 일은 없다. 포기하지 않고 기다려주면 느려도 한 발자국씩 앞으로 나아간다.

영어로 꿈꾸고 잠꼬대하는 아이

매일 꾸준히 영어 소리에 노출되면 빠른 아이는 얼마 지나지 않아 영어로 잠꼬대를 하거나 꿈을 꾸기도 한다. 주영이는 영어로 잠꼬대를 했고 아빠가 들었다. 아빠는 주영이가 영어 잠꼬대를 했다며 흥분해서 엄마에게 말했다. 엄마표 영어에 부정적이던 주영이 아빠는 그 일을 계기로 적극적인 지지자로 바뀌었다. DVD도 구입해 오고 음원도 다운받아 준다. 보통 언어 감각이 뛰어난 아이에게 일어나는 일인데 가끔 느린 아이에게도 생긴다. 참 흥미로운 일이다.

'우리 아이는 언제 영어 잠꼬대를 하지?' 부모가 조바심이 생겨 자꾸 확인하면 아이는 '나만 영어 잠꼬대를 못 하나?' 자신감이 떨어지고 슬슬 걱정이 되기도 한다.

'과연 우리 아이에게도 이런 일이 일어날까?' 상상만으로 행복한 일이다. 상상이 현실이 될 수 있으니, 오늘부터 눈 딱 감고 틀어주어라. 영어 동요도 좋고, 원서 음원도 좋고, DVD도 좋고, 애니메이션 OST도 좋다. 이왕이면 재미있게 본 DVD나 원서를 틀어주는 것이 효과적이다. 시기에 따라 다른데 노출 초기에는 이렇게 하는 것이 좋다.

우리 아이가 영어로부터 자유로워지는 모습을 한번 상상해보아라.

거북이처럼 느린 아이일수록 엄마표 영어는 꼭 해야 하는 필수 코스이다.

뚝배기처럼 보글보글 끓여야 성공한다

언어는 장기전이기 때문에 주변에 성공한 엄마를 찾아 도와 달라고 부탁하라. 엄마표 영어를 지속하는 힘이자 당신의 구세주가 될 것이다.

아이의 미래와 인생이 걸린 중요한 문제이다. 혼자 가다 보면 갈대처럼 흔들리고 그러면 완주하기 힘들다. 아무리 동기부여를 받아도 그때뿐이다. 헬스 기구를 집에 들여놓는다고 운동이 저절로 되지 않는다. 며칠 하다 만다. 어느새 러닝머신은 옷걸이로 변해 있고, 처음의 각오는 눈 녹듯이 사라진다.

처음부터 급히 가려는 엄마가 있으면 천천히 멀리 가야 한다고 말한다. 급히 먹는 밥이 체하듯 급해서 좋을 것 하나 없다. 초반부터 너무 급히 가면 금세 힘이 빠져버린다. 페이스 조절에 실패하면 중간에 주저앉게 된다. 한번 주저앉으면 다시 일어나기 쉽지 않다. 언어의 특성상 단거리 달리기가 아니기 때문에 과한 것은 금물이다. 처음부터 전력 질주하면 머지않아 나가떨어지고 만다. 엄마는 페이스 조절을 도와주어야 한다. 설령 아이가 급히 가려고 해도 'slow! slow!' 천천히 숨 고르기 하며 천천히 갈 수 있게 도와주자. 너무 세게 달리면 몸에 이상 반응이 생기고 부상도 입게 된다. 엄마표 영어는 자신의 속도대로 멈추지 않고 끝까지 뛰는 것이 마라톤과 흡사하다.

냄비 같은 엄마는 금방 타버린다. 모든 힘을 초반에 소진해서 금세 새까만 재만 남는다. 뚝배기 같은 엄마는 오래 간다. 보글보글 천천히 익혀 일품요리를 탄생시킨다. 엄마표 영어는 뚝배기처럼 서서히 요리해야 한다. 중간에 포기하지 않으면 결국 결승선에 도착한다.

희정 쌤의 엄마표 영어 미니 클래스

혼자 가면 빨리 가지만, 함께 가면 멀리 간다

엄마표 영어는 장기간 떠나는 긴 호흡의 시간 여행이다. 혼자 떠나는 짧은 여행은 편하지만 길어지면 지루하고 외롭다. 나중에는 무서운 생각마저 든다. 그 길을 먼저 간 선배나 동료는 힘들고 지칠 때 큰 힘이 된다. 혼자는 불가능해 보여도 응원해주는 사람이 있으면 힘든 줄 모르고 간다. 함께 가다 보면 어느새 결승선이 희미하게 보이기 시작한다. 혼자 살 빼고 운동하기 쉽지 않듯이 엄마표 영어도 혼자 하기 쉽지 않다. 함께 가라!

엄마표 영어 성공 Checklist

아이의 꿈을 찾아주세요. 아이의 미래에 대해서 함께 이야기 나누고 꿈을 이루기 위해 실천해야 할 것이 무엇인지 3가지 적어 보세요.

1

2

3

대치동을 이기는 엄마표 영어

WINNING ENGLISH

"완벽한 엄마가 되는 방법은 없지만,

좋은 엄마가 되는 방법은

수없이 많다."

- 윈스턴 처칠

아이에게 자신의 의견을 말할 기회를 주어라.

아이의 작은 의견에도 귀 기울이고

아이를 존중하는 자세가 필요하다.

3장

엄마표 영어,
무조건 성공하는 8가지 방법

WINNING ENGLISH

"성공은 날마다 반복되는 작은 실천의 결과이다.

매일 실천하라. 그리고 꾸준히 나아가라."

하루 3시간,
영어 인풋에 투자하라

하루에 3시간을 확보하라

세계적인 언어학자 스티븐 크라센(Stephen Krashen) 박사는 한 가지 언어를 습득하려면 뇌가 청각을 통해 해당 언어를 3,000시간 이상 들었을 때 가능해진다고 한다. 3,000시간 영어에 노출되면 임계점에 도달해서 의사소통이 가능해지며 듣고 말하고 읽고 쓰는 데 필요한 기본적인 언어 능력을 가지게 된다. 내 경험으로도 3,000시간이 넘으면 영어의 기본기가 갖추어진다. 1만 시간이 차고 넘치면 그 언어를 모국어처럼 유창하게 구사할 수 있다.

영어 노출은 하루에 3시간씩 5~6년 정도 꾸준히 하라. 내 경험에 의하면 하루 3시간씩 5년 이상 노출하면 외국인과 대화가 가능해지고, 국제 학교나 영미권 현지 수업을 들을 정도로 성장한다. 실제로 외국으로 이민 가거나 국제 학교에 입학한 아이들의 경우 그렇다. 올해도 두 명이나 일본과 싱가폴 국제 학교에 입학했다. 소식을 전해준 한 친구는 국제 학교에서도 최고반이 되었다고 한다.

어떻게 이런 일이 가능할까? 이런 일이 가능한 것은 '노출 시간의 비밀'에 있다. 1만 시간의 법칙에서 보듯 같은 분야에 1만 시간 투자했을 때 그 분야에서 성공할 수 있다. 노출 시간은 많을수록 좋은데 더 중요한 것은 '꾸준히 지속하는 것'이다. 영어는 언어이기 때문에 꾸준히 노출하는 것이 중요하다. 매일 밥 먹고 양치하듯 생활의 일부가 되게 하라.

영어를 습득하는 최고의 방법은 DVD 보기, 원서 집중 듣기, 흘려 듣기를 지속적으로 하는 것이다. DVD 1시간, 집중 듣기 30분, 흘려 듣기 1~2시간이면 하루 총 노출 시간이 3시간이 넘는다. 실제로 진행해보면 3시간 노출이 어렵지 않고 흘려 듣기를 수시로 틀어주면 그 이상도 가능하다.

3시간×365일×3년=3,285시간
3시간×365일×5년=5,475시간
3시간×365일×10년=10,950시간

실행하는 것이 답이다. 매일 계획만 세우지 말고 DVD 보기부터 당장

대치동을 이기는 엄마표 영어

실천하라. 3시간씩 3년이면 3,000시간의 인풋이 차고 넘쳐 어떤 반응이 슬슬 새어 나온다.

하루 3시간씩 영어 인풋에 투자하라.

인풋(input)형 아이, 아웃풋(output)형 아이

아이의 성향에 따라 외향적이고 모국어가 빨랐던 아이 즉, 언어 감각이 뛰어난 아이는 3,000시간 전에도 단어나 문장을 쏟아낸다. 심지어 파닉스를 배우지 않아도 단어나 문장을 읽고 쓰기도 한다. 내향적이고 모국어가 느리고 말수가 적은 아이는 아웃풋을 잘 안 한다. 질문에 대부분 단답형으로 답한다. 인풋형 아이의 엄마는 속이 새까맣게 타들어 간다. 하지만 불안해하고 걱정하지 않아도 된다. 절대 그냥 시간을 흘려보내고 있는 것이 아니다. 엄마들이 크게 오해하는 부분이 있다. 아웃풋이 없으면 성장하고 있지 않다고 생각하는데 그렇지 않다. 테스트를 해보면 아웃풋이 전혀 없던 아이의 결과가 더 좋은 경우가 많다. 그러니 걱정하지 말라. 단지 성향의 차이일 뿐이다.

학부모 참관 수업에 가보면 인풋형과 아웃풋형 아이의 성향이 뚜렷하게 구분된다. 모두 선생님의 말을 알아듣지만 손을 들고 발표하는 능동적인 아이도 있고 가만히 앉아서 듣기만 하는 수동적인 아이도 있다. 중요한 것은 모두 선생님 말을 알아듣고 말을 할 수 있다는 것이다. 단지 표현하고 싶지 않아서 말을 안 할 뿐이다. 인풋형 아이는 해외에 나갔을 때 입을 떼는 경우가 많다. 자신이 필요할 때 비로소 말을 한다. 인풋형인 둘째도 한국에서는 말을 그렇게 아끼더니 외국에 나가자 자연스럽게 대화하는 것은 물론, 현지 아이들과 디베이트(debate, 토론)까지 가능했다. 일정 기간 수업을 마친 후, 영역별 평가표를 받아보니 만점 수준인 성인 레벨이 나왔다. 한국에서는 한 번도 말을 하지 않았다. 아이를 믿고 꾸준히 노출에 집중한 결과이다. 참고로 둘째는 모국어가 느렸던 아이다. 지금도 말수가 적다. 코칭하는 다른 인풋형 아이들도 비슷하다. 굳이 말할 필요가 없는데 스스로 나서서 말을 하지 않는다. 인풋형 아이는 해외에 나가거나 원어민을 만나면 비로소 말문을 연다. 인풋형 아이, 아웃풋형 아이의 특성을 이해하라. 둘 다 성장하고 있다.

선택과 집중이 필요하다

엄마표 영어만으로 부족할 것 같은 걱정과 조바심에 슬쩍 학원이나 과외, 학습지를 추가해서 진행하는 경우가 있다. 실력이 잘 늘지 않고 읽기(reading), 말하기(speaking), 쓰기(writing)가 유난히 더딘 친구가 있었

대치동을 이기는 엄마표 영어

다. 다른 엄마를 통해 들었는데 과외를 같이 한다고 했다. 아이는 엄마표 영어에, 영어 과외와 숙제, 수학 학원, 기타 등등 하는 것이 너무 많아 하나에 온전히 집중할 수 없는 상황이었다. 게다가 흘려 듣기는 아무리 강조해도 잘 틀어주지 않았다. 영어 노출 시간이 충분하지 않았고 엄마표 영어에 몰입할 수 없는 환경이었다. 엄마표 영어에 집중하는 아이와 여러 가지를 동시에 진행하는 아이는 시간이 흐를수록 실력이 더 벌어진다. 절대적인 시간의 부족과 몰입의 차이이다.

아이가 집에 머무는 시간이 있어야 DVD도 보고, 흘려 듣기도 하고, 한글책도 충분히 읽을 수 있다. 이 아이가 성장이 더뎠던 이유는 엄마의 눈에 효과 있어 보이는 집중 듣기와 온라인 프로그램에만 집중했기 때문이다. 충분히 영어 소리 노출이 안 되면 원하는 만큼 성장이 되지 않는다.

하루에 사용하거나 받아들일 수 있는 뇌의 용량과 집중력은 한정되어 있다. 무조건 많이 집어넣는다고 다 흡수되는 것은 아니다. 뇌와 마음 모두 여유가 있어야 집중이 되고, 집중을 해야 효과가 나타난다. 특히 언어는 부담 없는 편안한 상황에서 성장하는 특징이 있다. 아이가 모국어를 습득할 때 마음의 부담을 가지고 배웠는지 한번 생각해보라.

2

DVD로
ESL 환경을 만들어라

ESL 환경이 핵심이다

ESL(English as a second language) 환경은 영어를 제2외국어로 자연스럽게 습득하는 환경이다. 쉽게 말해 영어를 모국어처럼 항상 보고 듣게 해주는 것이다. 미국에 간 것처럼 주변의 소리를 영어로 바꾸어 주는 것이다. 우리나라는 영어를 EFL(English as a foreign language) 환경으로 배운다. 즉, 영어를 외국어로 학습하는 방법이다. 처음부터 읽고 쓰기 위주로 배우기 때문에 듣고 말하기는 잘 되지 않는다. 모국어처럼 '습득하는 것'과 공교육이나 사교육에서 '학습하는 것'은 ESL과 EFL의 차이다. 모국어를 배울 때 주변의 소리인 음성 언어를 수년간 들으며 저절로 배웠다. 부모가 원어민이면 DVD를 보지 않아도 일상생활 속에서 자연스럽게 배울 수 있다. 하지만 그런 환경이 아니기 때문에 영어를 자연스럽게 배우는 방법이 DVD 보기이다.

DVD 보기는 ESL 환경을 만들어 주는 것이다. 한국에서 태어나면 따로 국어 수업을 듣지 않아도 한국말을 유창하게 구사한다. 누구나 일정 시간이 지나면 많이 보고 들은 소리는 자연스럽게 익힌다.

DVD 보기는 원어민의 생생한 표현을 배울 수 있는 최고의 교재이다. 구어체(회화체) 표현을 익힐 수 있고 스피킹이 유창해지는 데 도움이 된다. DVD 보기는 노는 것처럼 보여서 '과연 그렇게 해서 영어를 정복할 수 있을까?' 믿기지 않고 의심스럽기도 하다. 하지만 영어를 원어민처럼 구사하는 토종 국내파 영어 실력자들은 모두 DVD를 보면서 배웠다. BTS의 리더 RM은 미국 드라마 〈프렌즈(Friends)〉를 반복해서 본 것이 영어를 잘하게 된 비법이라고 한다. RM이 영어 구사하는 것을 보면 다들 외국에서 살다 온 사람 또는 교포로 오해하는데 토종 국내파이다. 동시통역사 안현모 또한 애니메이션과 영화를 보고 노래를 듣고 따라 했다고 한다. 좋아하는 영화는 100번도 보고 영화 속 대사를 달달 외웠다고 한다. 배우 신세경 역시 자막 없이 영화를 보고 〈비포 선라이즈(Before Sunrise)〉처럼 좋아하는 영화는 대본으로 공부했다고 한다. 토종 국내파 영어 실력자들의 공통점은 DVD를 보면서 영어 능통자가 되었다는 것이다.

'아, 저 단어가 저런 뜻이구나.'

'이런 상황에서 이런 표현을 쓰는구나.'

'화가 날 때는 저런 표현을 쓰는구나.'

애니메이션 한 편에 나오는 단어의 수는 평균 4,000~5,000개 이상이다. 아이는 최소 4000단어 이상을 가만히 앉아서 보고 배우는 것이다. 중복되는 단어를 계속 만나다 보면 "Are you ok?" "I'm hungry." 같은 간단한 문장은 며칠 만에도 그냥 알게 된다. 현정이는 DVD를 보기 시작한 지 얼마 되지 않았다. 엄마는 상황에 맞는 표현을 쓰는 아이가 신기했다. DVD를 보면서 모국어를 배우듯 상황에 맞는 표현을 그냥 통으로 익히고 있는 것이다. 이것이 DVD 보기의 효과이고 아웃풋이 빠른 경우에는 수개월 내에 나타나기도 한다. 현정이는 영어 학원을 다닌 적도 없고 알파벳도 모르는 아이다. DVD 보는 시간은 수많은 어휘를 자동으로 습득하는 효율 만점인 시간이다.

선영이는 영어 노출을 6세부터 했다. 그런데 이상하게 말도 잘 못 하고 실력이 좀처럼 늘지 않았다. 엄마와 이야기를 나누어 보니 DVD 보기와 흘려 듣기를 거의 하지 않았다. 원서만 하루에 1~2시간씩 집중 듣기 했다. 엄마 생각에 DVD 보기는 효과가 없을 것 같아서 보여주지 않았다고 했다. 꽤 긴 시간이 흘렀지만 말을 잘 하지 못했다. 앙꼬 없는 찐빵이었던 것이다. 제대로 된 방법과 방향으로 집중하고 몰입해야 효과를 볼 수 있다.

우리 아이를 영어 신동으로 만들고 싶으면, 매일 DVD 보기부터 실천하라.

DVD 안 보는 이유가 있다

미디어 노출이 없었던 아이는 영어 방송도 대부분 재미있게 본다. 하지만 미디어 노출이 많은 아이는 영어가 잘 들리지 않기 때문에 한국 방송만 보고 싶어 한다. 앞으로 영상은 영어로만 볼 수 있다는 우리 집의 규칙을 먼저 정하라.

처음에는 재미없어하고 한국말로 보면 안 되냐고 조르기도 한다. 하지만 한번 정한 규칙이니 약해지지 말고 묵묵히 실천하자. 보통 1~2개월 안에 적응되고 3개월 정도 지나면 편안하게 본다. 낮은 단계의 DVD는 20~30분 정도로 짧다. 처음에는 20~30분 짧게 봐도 된다. 시작 단계에서는 하루에 한 편 짧게 보는 것으로 만족하자. 일단 영어가 편해지고 익숙해지는 과정이 지나야 몰입할 수 있는 시기가 온다. 시간이 지나면 아이는 아는 단어와 문장이 많아지면서 내용이 이해되기 때문에 1시간도 거뜬히 본다. 오히려 너무 보고 싶어 해서 걱정이 되는 시기가 오기도 한다. '시간이 약이다.'

처음부터 푹 빠져서 보는 아이도 있다. 참 감사한 일이다. 이런 아이는 1시간 이상 봐도 괜찮다. 하루 1시간 정도 규칙적으로 보는 것이 좋다. 아이가 한참 빠져서 보는데 "학원 갈 시간이야. 이제 그만 봐." 하면 기분이 어떨까? 우리가 드라마에 빠져 무아지경인데 남편이 "여보, 배고파. 밥 줘." 하면 짜증이 난다. 시간에 쫓겨서 급하게 보는 것은 좋지 않다. 충분히 여유 있게 볼 수 있는 시간을 공략하라. 또한 아이가 DVD 볼 때 흐름을 깨거나 질문하지 말라.

가끔 영화관처럼 꾸미고 이벤트를 해보자. 거실 커튼을 내리고(암막 커튼이면 더 영화관 분위기가 난다) 아이가 좋아하는 과자, 팝콘, 음료를 준비하고 온 가족이 둘러앉아서 보는 DVD는 평생 잊지 못할 추억이다. 영어하면 행복한 기억이 떠오르고 놀이처럼 즐기면서 배웠다고 생각한다. 즐기는 것만큼 실력이 느는 것은 없다. 노력하는 자는 즐기는 자를 이길 수 없다.

아이가 DVD를 보다 잠깐 움직이거나 이동하면 그냥 틀어놓으면 된다. 오래 자리를 비우는 경우는 stop(멈춤) 했다 돌아오면 다시 틀어주어

라. 마실 물과 간식을 미리 가져다 놓고 화장실에 다녀와서 앉게 하라. 중간에 화장실 간다, 물 먹으러 간다, 계속 왔다 갔다 하면 집중도 안 되고 엄마의 인내심에 한계가 생겨 버럭 소리 지르게 된다. DVD 볼 때 집중해서 보라거나 똑바로 앉아서 봐라 또는 끝날 때까지 가만히 앉아 있어라 같은 소리는 금기어이다.

뇌 과학자 정재승 박사는 게임 중독을 고치는 최고의 방법은 게임을 정규 과목으로 만들고 시험을 보는 것이라고 했다. 재미있는 일이라도 의무적으로 강요하면 지겹고 재미없어진다. TV를 볼 때 누워서 봐도 음식을 먹으면서 봐도 다 들린다. 좀 삐딱하게 앉아도 괜찮고 자세는 크게 중요하지 않다. 그냥 즐겁고 편안하게 보면 된다. DVD 보는 시간이 휴식 시간이 아니라 자꾸 혼나는 시간이면 보기 싫어진다. 지금까지 DVD 보기를 싫어하는 아이는 한 명도 못 봤다. 만약 있다면 위와 같이 잔소리를 하는 경우이다. 푹신한 소파에 앉아서 간식을 먹으며 보는 DVD는 꿀처럼 달콤하다.

민수 형제는 자아가 강하고 주장이 센 편이다. 엄마가 DVD 보기를 강요하자 이리저리 돌아다니고 집중하지 않았다. 한번 빗나간 마음은 좀처럼 돌아오지 않았다. DVD 보라고 하지 말고 엄마가 영어 공부하려고 틀어놓는 거라며 엄마만 보라고 했다. 어느 정도 시간이 흐르자 아이들도 서서히 엄마 곁으로 와서 보기 시작했다. 강조하지 않으니 마음이 풀리고 관심이 생기기 시작한 것이다.

승주 엄마는 아이가 DVD를 잘 안 본다고 걱정했다. 아이와 미팅을 해보니 이유는 마음의 상처였다. DVD를 보고 있는데 엄마가 1시간이 되었다며 갑자기 껐다. 〈스폰지밥〉이 재미있는데 〈리틀베어〉를 보라고 했단다. 승주는 다시는 DVD를 보지 않겠다고 다짐했다고 한다. 처음에 DVD 보기가 힘든 아이였고 간신히 재미를 붙이기 시작했는데 엄마의 실수로 그르치고 말았다. 그나마 생겼던 흥미마저 물거품처럼 사라졌다. 엄마에게 이유를 물어보니, 〈스폰지밥〉이 시끄러워서 조용한 〈리틀베어〉를 보라고 했단다. 아이가 보고 싶은 것을 보아야 집중이 되고 장기 기억으로 저장도 된다. 억지로 보는 DVD는 효과가 미비하다. 정해진 시간보다 중요한 것은 '아이의 마음이고 아이의 눈높이'이다. 먼저 DVD 재생 시간을 파악한 뒤 여유 있게 볼 수 있는 시간에 보여주자.

DVD 선택도 중요하다. 저학년은 낮은 단계의 DVD부터 보면 좋다. 고학년은 낮은 단계는 시시해서 잘 보려 하지 않는다. 낮은 단계를 보라고 강요하면 DVD를 안 볼 수 있다. 일단 고학년은 수준을 높여서 속도가 빨라도 좋아하는 것을 보게 해주어라. 만약 자발적으로 낮은 단계부터 본다면 감사한 일이다. 낮은 단계의 DVD는 속도가 느리고 쉬운 표현이 많아 이해하기 쉽고 금방 익숙해진다.

전문가들이 까이유 DVD를 많이 추천해서 가지고 있는 집이 제법 있다. 하지만 아이들이 생각보다 좋아하지 않는다. 현재까지 만난 아이 중 까이유를 좋아하는 아이는 불과 2~3명 정도였다. 다른 사람이 추천해 준다고 덜컥 구입하지 말고 우리 아이의 선호와 흥미를 파악한 뒤 구입하라. 아이마다 취향이 다르기 때문에 넷플릭스, 디즈니 플러스, 쿠팡 플레이, 왓챠 플레이, 유튜브에서 먼저 영상을 찾아보고 흥미 있는 것을 보여주어라. 10명의 아이가 좋아한다고 해서 우리 아이도 좋아한다는 보장은 없다.

보고 싶은 대로 내버려 둬라

"DVD를 반복해서 보는 것이 좋은가요?"
"매일 새로운 DVD를 보는 것이 좋은가요?"

아이가 원하는 대로 보여주는 것이 좋다. 반복을 좋아하는 아이는 동일한 DVD를 6개월 이상 보기도 한다. 또한 반복을 싫어하는 아이는 매일 새로운 DVD를 보려고 한다. 처음에는 DVD를 반복해서 본 아이가 성장이 빠른 듯 보이지만 시간이 흐르면 같은 단어나 표현이 다른 DVD 에도 나오기 때문에 결과는 비슷하다. 아이가 원하는 DVD를 보고 싶은 대로 마음껏 보게 하라. 그래야 DVD의 재미에 빠지고 실력이 성큼 성장 한다. 하지만 DVD 보기가 중요하다고 장시간 보는 것은 추천하지 않는 다. 나머지는 흘려 듣기와 원서 집중 듣기로 채워주어라. 학교 과제, 독 서, 운동, 수학 등 하루에 할 일을 골고루 나누어서 진행해야 균형 잡힌 일상이 된다. 할 일을 미루고 DVD만 보려고 하면 할 일을 다 마치면 조 금 더 보여준다고 이야기하라. DVD 보기가 다른 일 하기 싫을 때 이용 하는 도피처가 되면 곤란하다. 주말처럼 여유 있는 날이나 방학은 영어 의 바다에 풍덩 빠질 수 있게 시간을 더 할애하라. 단, 아무리 좋은 음식 도 과하면 체하듯 과하지 않는 선까지 정해두는 것이 좋다.

무자막으로 보게 하라

DVD는 무자막으로 보게 하라. 자막 없이 온전히 소리에 집중해서 상 황에 맞는 표현을 익히는 것이 좋다. 한국 방송에 가끔 자막이 뜨는 경 우가 있다. 잘 들려도 무의식중에 소리에 집중하지 못하고 아래의 자막 을 읽게 된다. 자막이 있으면 소리보다 문자에 집중하게 되고 소리를 듣 는 훈련에 방해가 된다. 종종 한글 자막을 한 번만 보여 달라고 조르기도 하는데 답답하고 이해되지 않아도 처음부터 자막 없이 보는 것에 익숙해지게 하라. 한 번 자막을 허용하면 한 번이 두 번 되고 세 번 될 수 있다. 엄마가 없을 때 한글 자막을 틀어서 보기도 한다. 그러면 청각을 통해 소리에 집중하는 것이 아니라 시각을 통해 문자에 집중하게 된다. 한글 자막을 보고 이해한 것이기 때문에 시간이 흘러도 큰 효과가 없다.

어떤 아이는 영어 자막을 틀어주었더니 영어 귀가 트이고 집중 듣기의 효과를 보았다고 하는데 특별한 경우이다. 수십 번 수백 번 보아 영어가 들리는 상태에서 자막을 보며 문자까지 터득된 경우이거나 특별히 언어 감각이 뛰어난 아이이다. 누구나 성공하는 보편적인 방법으로 진행해야 실패 확률이 낮다. 특별한 아이가 성공한 방법을 따라 하면서 '우리 아이는 왜 안 되지?' 그러면서 아이의 능력을 끊임없이 의심한다. 안 되는 이유는 모든 아이가 성공하는 방법이 아니기 때문이다. 사소한 방법의 차이는 몇 년 후에 큰 차이를 만든다.

우리가 원어민과 대화할 때 밑에 자막이 뜨지 않는 것처럼 원어민 소리를 그냥 알아들어야 대화가 가능하다. 자막 없이 알아듣지 못하면 빠른 속도로 말하는 원어민의 말을 알아듣지 못한다.

무자막에 익숙해지면 한국말 더빙이나 자막(영어 자막 또는 한국 자막)이 나오면 오히려 어색해한다. 둘째 엄마표 영어 4년 차일 때의 일이다. 영화관에서 한글 자막(어쩔 수 없이)으로 보는데 "엄마, 저 표현은 저런 의미가 아닌데 해석이 잘못되었어." 놀랍게도 해석의 오류를 짚어내고 있었다. 한글 자막으로 보았다면 결코 일어나지 않았을 일이다. 아마 해석이 맞을 거라 생각하고 자막을 있는 그대로 받아들였을 것이다.

전문 용어가 나오는 의학 드라마나 법정 드라마 또는 다큐멘터리는 자막을 봐도 된다. 한국 드라마도 의학 용어나 법 전문 용어는 밑에 자막이 나온다. 혹자는 한글 자막과 영어 자막을 아이 스스로 선택하게 하라고 하는데, 이것은 영어 습득의 원리를 잘 모르고 하는 소리이다. 모국어를 자막 없이 소리 듣기로 배웠다는 사실을 생각해보면 답이 나온다. 익숙해지는 데 시간이 조금 걸리더라도 무자막으로 보게 하라.

희정 쌤의 엄마표 영어 미니 클래스

연령별 인기 있는 DVD

DVD는 아이의 성향에 따라 선호도가 다를 수 있다. 따라서 인기 DVD라도 우리 아이는 흥미가 없을 수 있기 때문에 아이의 반응을 보면서 활용하라.

대치동을 이기는 엄마표 영어

유치부나 초등 저학년 인기 DVD

뽀로로, 옥토넛, 바바파파, 도라 익스플로러, 페파피그, 퍼피 구조대, 큐리어스 조지, 도라, PJ마스크(파자마 삼총사), 마샤와 곰, 맥스 앤 루비, 슈퍼 윙스, 소닉붐, 마이 리틀 포니, 티시 태시, 슈퍼 잭, 밥 더 빌더, 버블 구피, 엄마 까투리, 초능력 특공대, 투피와 비누, 클로이의 요술 옷장, 키퍼, 꼬마 의사 닥 맥스터핀스, 벤과 홀리의 리틀 킹덤, 쉬머 앤 샤인, 올리비아, 클리포드, 호기심 대장 삐악이, 파워 퍼프 걸, 캐치 티니핑이다.

초등 고학년 남자 인기 DVD

그래비티 폴즈, 틴 타이탄 고, 형사 가제트, 아바타(아앙의 전설), 포켓 몬스터, 스폰지밥, 제로니모, 벤10, 위 베어 베어스, 아서, 호리드 헨리, 틴틴의 모험, 블루이, 몬스터 호텔, 스피릿, 와일드 크래츠, 가필드 쇼, 드래곤 볼이다.

초등 고학년 여자 인기 DVD

밀리 몰리, 엘로이즈, 바비, 44Cats, 톰 소여의 모험, 산적의 딸 로냐, 스피릿, 베렌스타인 베어스, 웨이사이드 스쿨, 하늘에서 음식이 내린다면, 미라큘러스(레이디버그), 빨강 머리 앤, 삐삐 롱스타킹, 매들라인, 뱀파이어 소녀 모나, 워드 걸이다.

3

집중 듣기,
장소와 시간을 정하라

정해진 장소에서 정해진 시간에 집중하라

집중 듣기는 원서의 음원(오디오 소리)을 들으며 손가락으로 문장(단어)을 맞추어가며 듣는 것이다. 영어의 리듬과 억양을 익히고 글자에 익숙해지는 과정이다. 음원에 맞춰 문장을 짚어가며 발음을 따라가다 보면 문장의 뜻도 서서히 알게 된다. 이 과정을 거치면서 문자 인식이 되고 읽기가 가능해진다. 집중 듣기는 리딩을 위한 준비 운동 과정이다. 또한 쓰기에 영향을 많이 주고 문어체 표현을 익히는 중요한 수단이다. 집중 듣기를 하면서 자연스럽게 문장의 구조와 표현을 익히게 된다. 집중 듣기는 말 그대로 '집중해서 듣는 것'이다. 음원과 단어를 정확하게 짚어야 한다. 해석하며 듣는 것이 아니라 그냥 자연스럽게 들으면 된다. 음원의 흐름에 따라 자연스럽게 손가락을 같이 움직이는 것이다. 엄마는 옆에서 잘 따라가는지 지켜보면서 못 따라가거나 놓치면 함께 짚어주자.

Arthur ran to the breakfast table.

"Look, D.W." he said.

Arthur waved a dollar.

위의 문장에서 한 박자 늦게 손가락을 따라가면 ran을 Arthur로 잘못 듣는 경우가 발생한다. 그러면 문자를 잘못 인식할 수 있기 때문에 주의 깊게 살펴보는 것이 필요하다.

처음 시작할 때 집중 듣기를 할 장소를 정해, 정해진 시간에 하는 것이 좋다.

주방 식탁에서 아침에 눈 뜨자마자, 거실 소파에서 하교 후 바로, 공부방 책상에서 저녁 식사 전과 같이 장소와 시간을 구체적으로 정해 습관화하는 것이 좋다. 침대나 방바닥에 누워 흘려 듣기처럼 듣는 둥 마는 둥 하는 것은 효과가 미비하다. 챕터 북이나 소설처럼 긴 호흡의 책에 들어가면 꾸벅꾸벅 졸거나 집중을 못 할 수 있기 때문에 처음에 습관을 잘 만들어 주는 것이 중요하다. 집중 듣기는 정해진 장소에서 정해진 시간에 집중해서 듣게 하라.

궁금해도 꾸욱 참아라

"손! 손! 손! 똑바로!"

손가락 짚기만 강조하면 집중 듣기 시간이 즐거울 리 없다. 손가락이 엇박자 나면 아이 손을 살짝 잡고 같이 따라가 주자. 백 마디 말보다 조용한 행동이 더 큰 힘을 발휘한다. 아이가 힘들어하는 날은 엄마가 대신 짚어주기도 하고 하루씩 번갈아 가며 점차 아이 스스로 할 수 있게 도와주어라.

엄마들은 집중 듣기 한 책의 내용을 아이가 아는지 모르는지 궁금해한다. 외향적이고 말하기 좋아하는 아이는 조잘조잘 말해주지만 그렇지 않은 아이는 무슨 내용이냐고 물으면 모른다고 한다. 한글책을 읽어줄 때 아이가 얼마나 이해했는지 일일이 질문하지 않는다. 그냥 계속 듣다 보면 아이는 어느 순간 이해하게 된다. 영어책도 마찬가지이다. 서서히 원서에 몰입되고 이해되는 과정인데 자꾸 질문하면 흥미가 떨어진다. 그러면 엄마가 옆에 있는 것 자체를 불편해한다. 자꾸 엄마를 밀어내고 자기 방에서 혼자 하겠다고 한다. 이런 상황이 생기지 않게 아무 말 하지 말고 묵묵히 옆에 있어 주어라.

일명 묵언 수행!

원서를 좋아하는 아이로 키우고 싶다면 말이다. 언젠가 한 번쯤 인생 책을 만날 것이다.

아무리 궁금해도 꾸욱 참고 아이가 스스로 말할 때까지 기다려주자. 아이가 계속 말해주지 않아도 집중 듣기를 하고 있다면 성장하고 있다는 것이다. 이해가 안 되고 재미가 없으면 집중 듣기를 지속할 수 없다.

집중 듣기는 마법의 열쇠이다

집중 듣기의 효과에 대해 알아보자.

첫째, 영어의 발음, 억양, 리듬감을 익히게 된다.

둘째, 저절로 글을 읽게 된다.

셋째, 단어와 문장의 뜻을 알게 된다.

넷째, 우리말의 해석 단계를 거치지 않고 이해하는 습관이 생긴다.

다섯째, 한글책 읽는 속도로 원서를 읽게 된다.

여섯째, 자신의 실력보다 높은 수준의 책을 볼 수 있다.

일곱째, 집중력이 키워진다.

집중력과 엉덩이 힘이 부족한 아이는 집중 듣기의 과정을 통해 집중력이 생긴다. 습관이 잡힐 때까지 힘들 수 있지만 엄마의 노력으로 영어, 집중력, 엉덩이 힘을 동시에 키우고 원서를 부담 없이 읽는 아이로 키울 수 있다. 집중 듣기의 시간은 평균 30분 정도가 적당하다.

처음에는 10분, 20분 짧게 시작해서 조금씩 늘려가는 것이 좋다.

어느 날은 1시간, 어느 날은 10분, 어느 날은 쉬고……

들쑥날쑥하게 진행하면, 해도 그만 안 해도 그만이라는 부정적인 메시지를 줄 뿐 아니라 즉흥적인 생활 습관을 만든다.

집중 듣기는 원서의 이해력, 문해력, 독해력, 상상력, 창의력, 읽기 실력을 한 번에 키워주는 마법의 열쇠이다.

과한 양은 오히려 독이다

집중 듣기를 1시간 이상 진행하는 경우가 있는데 추천하지 않는다. 만약 집중 듣기가 1시간 이상 가능하다고 생각한다면, 엄마 먼저 한번 해보라. '과연 1시간을 집중해서 들을 수 있는지?' 10분만 지나도 벌써 다른 생각이 난다. 간혹 원서의 재미에 흠뻑 빠져 시간 가는 줄 모르는 아이가 있는데 순전히 자발적인 경우에 가능하다. 아이 스스로 원해서 길게 집중 듣기 하는 경우에 부작용 없이 투자한 효과를 톡톡히 볼 수 있다. 하지만 억지로 시켜서 하면 지루하고 힘든 일이다.

"하루에 1시간씩 집중 듣기를 했대."
"한 달 동안 원서 1,000권을 읽었대."

엄마들은 착각한다. 주변에서 성공했다는 말이 들려오니 우리 아이에게도 시키려고 한다면 뜯어말리고 싶다. 누구나 가능한 일이 아니기 때문이다. 아이의 집중력을 전혀 고려하지 않은 너무 방대한 양이다. '방학이라 시간도 많은데 우리 아이도 한번 시켜 볼까?' 엄마 혼자 결정하고 시도하지만 아이가 잘 따라주지 않는다. 이런 기적 같은 일은 '그 아이'였기 때문에 가능한 일이다. 그 아이의 엄마는 편한 얼굴로 이야기하지만 우리가 모르는 전쟁과 같은 일이 수없이 반복되었을지 모른다. 게다가 다른 많은 것을 포기하고 오로지 영어에 시간을 쏟아부었을 것이다. 그것을 해낸 아이나 엄마 모두 대단한 것이다. 아주 특별한 아이가 아주 특별한 엄마를 만나서 이루어낸 업적과 같은 일이다. 게다가 아이가 선천적으로 순응하는 기질이고 집중력이 유독 뛰어나거나 책에 한번 빠지면 시간 가는 줄 모르는 경우에 가능하다. 그리고 엄마나 아이 모두 한번 시작한 일은 끝장을 보는 성향이어야 가능하다. 엄마가 아무리 끈기가 있어도 아이가 따라주지 않으면 불가능하다.

극소수 특별한 아이의 성공담을 평범한 우리 아이에게, 그것도 10분도 앉아 있기 힘든 집중력이 짧은 아이에게 시킨다면 결과는 뻔하다. 결국 아이는 참다가 울고불고 빵 터지고 만다.

엄마는 역시 엄마표 영어는 아무나 못 한다고 생각하며 바로 포기한다. 괜한 기대감으로 아이를 힘들게 하려면 차라리 시작하지 말라. 아이와의 관계가 끊어질 정도로 힘든 방식이라면 그 길은 가지 않는 것이 현명하다. 아이와의 관계를 지키고 차라리 영어를 포기하는 편이 낫다.

'아니, 엄마표 영어 코칭자가 영어를 포기하라고요?'

영어보다 더 중요한 것이 아이와의 관계이기 때문이다. 우리 아이의 집중력만큼 진행해야 지속 가능하고 성공 가능하다.

4

흘려 듣기,
배경 음악으로 틀어라

영어 소리에 익숙해지게 하라

언어는 소리로 익혀야 한다. 언어는 의사소통을 하기 위한 수단이다. 그리고 소통의 기본은 듣기이다. 일단 상대방의 말을 알아들어야 소통이 가능하다. 알아듣지 못하면 엉뚱한 대답을 하거나 대화 자체가 힘들다. 외국인을 만났을 때 알아들으면 Yes 또는 No 간단하게 대답할 수 있지만 알아듣지 못하면 대화가 불가능하다. 언어를 배우는 첫 단계는 '듣기 훈련'부터이다. 언어에서 가장 먼저 완성해야 하는 부분이다. 그리고 영어 정복에서 가장 중요한 과정이자 가장 신경 쓰고 공들여야 하는 부분이다. 소리를 통해 충분히 영어 소리에 노출되면 소음처럼 들리던 소리가 언어로 들리는 마법 같은 순간이 온다. 소음 같던 영어가 언어로 전환되면서 한국말처럼 편하게 들리기 시작한다. 이때부터 아이는 영어가 재미있어진다.

우리가 영어를 알아듣지 못하는 이유는 영어의 인토네이션(억양), 악센트(강세), 연음, 발음이 우리 귀에 익숙하지 않기 때문이다. 영어는 고주파 소리이기 때문이다. 고주파 소리에 익숙해지면 비로소 영어가 들리고 뜻이 이해되기 시작한다. 듣기는 말하기, 읽기, 쓰기의 기초이자 기본이다. 듣기의 과정 없이 말하기, 읽기, 쓰기를 먼저 하면 모래성처럼 한순간에 무너진다. 결코 멋지고 튼튼한 성을 완성할 수 없다.

소연이는 학교에서 수업 중에 선생님이 한국말을 하는데 영어로 들리는 것 같았다고 한다. 3년 정도 노출된 시점이었고 언어 감각이 우수한 아이다. 영어와 한국말이 자연스럽게 호환되는 상황이다. 소위 말하는 동시통역처럼 말이다. 소연이의 뇌에서 행복한 착각이 든 것이다.

진영이는 아침을 먹으며 흘려 듣기를 하는데 영어가 한국말처럼 들렸다고 한다. '우리 아이도 이런 순간이 오는구나!' 엄마는 가슴이 벅찼다. 진영이 엄마는 틈틈이 흘려 듣기를 틀어주었고 영어 노출에 특별히 신경을 많이 써주었다. 진영이 또한 하루의 할 일을 미루지 않고 성실하게 하는 아이다. 두 아이 모두 영어 노출에 많이 신경 쓰는 집이다.

대치동을 이기는 엄마표 영어

우리 집 배경 음악으로 깔아라

흘려 듣기는 배경 음악처럼 생활 속에서 수시로 틀어놓는 것이다. 영어 소리 노출은 DVD나 원서처럼 집중해서 보고 듣는 '의식의 과정'과 흘려 듣기처럼 열려 있는 귀를 통해 소리에 익숙해지는 '무의식의 과정'으로 나뉜다. 언어 습득은 의식의 과정도 중요하지만 무의식의 과정이 차지하는 비중이 크다. 그래서 흘려 듣기가 중요하다. 흘려 듣기는 장면 없이 온전히 소리를 통해 노출해주는 방법이다.

"엄마, 저 소리 꺼. 시끄러워."

아이가 익숙해지기 전에는 거부할 수 있는데 자주 틀어주면 곧 익숙해진다. 무관심하게 놀고 있는 줄 알았는데 스토리를 이야기하거나 반응하기도 한다.

"엄마, 저 장면 너무 재미있지 않아?"
"저 아이가 바지를 안 입고 학교에 갔대."

흘려 듣기는 말 그대로 '흘려서 듣는 과정'이다. 소리에 집중하라고 강조할 필요 없다. 강조하면 부담스럽고 거부 반응이 심해진다. 아이의 귀가 열려 있기 때문에 그냥 수시로 틀어놓으면 된다. 이 방 저 방 돌아다니면 많은 시간을 보내는 곳에 틀어놓아라. 이 방 저 방에 다 틀어놓는 것도 방법이다. 항상 영어 소리가 흘러나오면 듣기에 익숙해지고 주변에 소리가 없으면 오히려 어색해지는 순간이 온다. 그러면 흘려 듣기가 잘 진행되고 있다는 신호이다. 집 안의 정적이 어색해지는 순간이 오면 흘려 듣기 안착 성공이다.

소진이네는 흘려 듣기를 하고 있었는데 외할머니가 아이를 돌봐주느라 잠시 오셨다. 며칠 후, 주방에서 요리를 하시던 외할머니가 영어 노래를 흥얼흥얼 따라 부르셨다.

"어머, 내 귀가 트였나 봐. 들린다."

소진이 외할머니는 자신이 직접 경험하고 난 후에 더 열심히 틀어주었다. 흘려 듣기의 효과는 바로 이것이다. 자주 듣다 보면 익숙해지고, 그러다 보면 단어가 들리고 문장이 들리고 어느 날 영어가 툭 튀어나오게 된다. 이런 과정을 통해 자연스럽게 아웃풋이 되는 것이다.

'할머니도 아웃풋이 나오는데 뇌가 말랑말랑한 아이에게는 얼마나 효과가 좋을까?'

틈나는 대로 영어 소리를 장면 없이 틀어주어라. 우리 아이의 영어 귀가 트이는 날이 점점 가까워질 것이다.

영어의 기본은
한글책이다

한글책은 영어에 날개를 달아준다

영어를 잘하려면 한글책 읽기가 우선이다. 책을 좋아하지 않아도 영어는 성장할 수 있다. 하지만 아이의 영어 수준은 딱 한글책을 읽는 수준까지만 성장한다. 아무리 영어를 잘해도 모국어 실력을 절대 뛰어넘지 못한다. 한글책 다독이 되어 배경 지식이 탄탄한 아이는 원서의 이해도도 뛰어나다. 문자만 영어로 바뀌었을 뿐 기본적으로 책을 좋아하기 때문에 원서에 쉽게 빠져든다. 책을 읽는 즐거움을 알기 때문이다. 한글책 다독을 한 아이는 단기간에 영어 실력이 폭발적으로 성장한다.

동시통역사의 경우 영어 실력만 우수한 사람이 아니라, 한국어 실력이 뛰어난데 영어 실력까지 갖춘 사람을 더 선호한다. 원서가 높은 수준으로 올라갈수록 영어보다 한국어 어휘의 부족함을 느끼게 된다. 한글책의 기반 없이 영어를 잘하겠다는 것은 어불성설이다. 예를 들어 한국말로 환경, 서식지라는 단어의 뜻을 모르는 아이에게 'environment(환경)' 'habitat(서식지)'라고 아무리 알려주어도 모른다. 먼저 환경과 서식지가 무슨 뜻인지 알아야 머릿속으로 이해가 된다. 한국어 어휘를 먼저 챙기자.

스토리 위주의 원서는 그럭저럭 이해하더라도 비문학처럼 상식이나 배경지식이 필요한 원서는 뜻을 모르면 이해도 안 되고 재미도 없다. 그리스 신화에 대해 알지 못하는 아이가 그리스 신화와 관련된 원서를 읽으면 과연 무슨 내용인지 이해할 수 있을까? 행성에 대한 정보가 없는 아이는 행성에 관한 원서를 읽으면 한국어로도 모르는 생소한 단어가 나오기 때문에 이해하기 어렵다. 이해가 안 되니 원서가 재미있을 리 없다. 영어의 기본은 한글책이며 영어를 진짜 잘하는 아이로 키우고 싶다면 한글책 다독에 신경 써라. 한글책과 원서를 골고루 읽는 환경을 만들어 주고 어릴수록 한글책의 비중을 높여 모국어의 기반을 탄탄히 쌓아놓아라.

아이의 운명을 결정하는 작은 습관

간디의 명언 중 "행동은 습관이 되고, 습관은 가치가 되고, 가치는 운명이 된다."라는 말이 있다. 작은 행동과 습관에 의해 한 사람의 운명이 결정된다는 뜻이다. 매일의 습관과 실천의 중요성은 아무리 강조해도 지나치지 않다.

아이가 한글책을 좋아하지 않으면 먼저 원인을 살펴볼 필요가 있다. 읽기 싫어하는 책(엄마가 좋은 책)을 억지로 읽히고 있는지, 성의 없이 대충 형식적으로 읽어주고 있는지 또는 엄마는 책을 읽지 않고 아이만 읽으라고 강요하고 있는지, 즉, 아이의 마음에 공감해주지 않는 상황인지 먼저 살펴보자. 이런 경우에는 독서 습관을 잡기가 힘들다. 책 읽는 시간이 즐겁고 기다려져야 책의 재미에 빠질 수 있다. 일단 한글책 읽기가 습관이 되어야 매일의 독서가 실천될 수 있다. 책을 좋아하는 아이로 키우려면 먼저 잠자리 독서부터 시작해보라. 잠자리 독서는 단순히 책만 읽는 시간이 아니다. 부모와 아이가 눈을 맞추고 살을 부비며 사랑의 감정을 느끼는 따뜻한 시간이다. 목소리를 변조하여 정성껏 읽어주면 아이는 책의 바다에 빠져 까르르 웃음보를 터트린다. 하하 호호 웃으며 기분 좋게 잠자리에 든다. 슬픈 스토리는 마음이 아프다고 훌쩍거리기도 한다. 타인의 기쁨과 아픔을 나눌 줄 알고 공감하는 능력이 덤으로 생긴다. 다음 스토리가 궁금해서 스스로 책을 펼쳐 읽는 신기한 일이 일어나기도 한다. 학습적으로 도움이 될 만한 책보다 아이가 좋아하는 책으로 시작하라. 책의 재미에 빠진 이후에 다양한 장르로 서서히 넓혀주자. 아이마다 스스로 책을 읽는 시기(읽기 독립)는 다르다. 아이가 거부하지 않을 때까지 읽어주면 된다. 나는 첫째 초2, 둘째 중3까지 읽어주었다. 초등 고학년부터 신문기사나 관심 분야의 잡지나 기사를 읽어주었다.

엄마가 책을 읽으라고 쫓아다니면 아이는 더 읽기 싫어진다. 책을 좋아하게 만드는 1단계는 재미있는 책을 집 안 곳곳에 뿌려놓는 것이다. 식탁 위, 소파 옆, 침대 위, 화장실에도……

아이의 손이 닿는 곳은 어느 곳이든 바로바로 펼쳐볼 수 있게 흩뿌려놓자.

견물생심! (見物生心, 물건을 보면 그것을 가지고 싶은 마음이 생긴다)

책이 눈에 자꾸 보이면 읽고 싶어진다. 아이가 크는 동안 깨끗하고 정갈한 집은 포기하는 편이 낫다. 만들고, 그리고, 자르고, 색칠하고, 자유롭고 편안한 환경에서 창의성이 길러진다.

책을 읽으라고 말하기 전에 부모가 먼저 읽는 모습을 보여주어라. 책 읽기는 매일 꾸준히 시간을 투자해서 지속해야 한다. 영어 정복과 동일한 과정이다. 매일 반복해서 습관화하고 일상으로 만드는 과정이다. 책을 꼼꼼히 읽었는지 확인하는 것은 바람직하지 않다. 이런 사소한 행동이 책과 멀어지게 한다. 아이가 즐겁고 재미있게 빠져서 읽을 수 있는 책을 늘 가까이에 두자. 아직 책의 재미를 느끼지 못하는 아이는 5분, 10분 조금씩 시작해보라. 성우처럼 맛깔나게 읽어주면 아이는 머릿속으로 상상의 나래를 펼치며 계속 읽어달라고 한다. 독서 시간은 아이가 기다리는 행복한 시간이 될 것이다.

다독의 진가는 상위 학년으로 올라가면서 서서히 드러난다. 첫째가 초4 때 주관식 답을 전교에서 혼자 맞힌 적이 있었다. 엄마들 사이에서 이슈가 되었던 모양이다. 문제의 답을 어떻게 알았는지 하도 궁금해서 아이에게 물었더니 책에서 보았다고 했다. 책은 기초 실력을 쌓는 최고의 교재이다.

책을 싫어하는 아이는 없다. 아직 좋아하는 책을 만나지 못했을 뿐이다. 오늘부터 베드타임 스토리(잠자리 독서)를 들려주자. 엄마가 힘들면 아빠가 읽어주어도 된다. 아빠의 중저음 목소리는 아이에게 정서적인 안정감을 준다. 잠들기 전 하루 30분, 사랑스러운 아이를 위해 실천해보라. 하루, 이틀, 일주일, 한 달의 시간이 쌓이면 동화책 없이 잠들기 힘들어하는 아이를 발견하게 된다. 아이는 책을 골라 와서 읽어달라고 두 눈을 말똥거리며 기다릴 것이다. 매일 읽다 보면 부모나 아이 모두 읽지 않으면 허전하다. 이런 경지에 오르면 독서가 일상으로 자리 잡힌 것이다.

작은 독서 습관이 아이의 미래를 바꿀 것이고, 그러면 아이의 운명이 바뀔 것이다.

6

다양한 분야를
영어로 읽게 하라

분야 구분 없이 다양하게 읽혀라

"정독을 해야 할까요, 다독을 해야 할까요?"

엄마들이 읽기 방법에 대해 가끔 질문한다. 정독(정확하게 읽는 것)의 바탕 위에 다독(많이 읽는 것)을 하는 것이 좋다. 정독의 방법으로 다독하면 자연스럽게 속독이 되고 책을 훑어보듯 빠른 속도로 읽어도 내용 파악이 된다. 정독을 해야 다독도 의미가 있다. 아무 생각 없이 많이 읽는다고 좋은 것은 아니다. 정독을 하면 깊이 이해할 수 있고 내용 파악이 정확히 돼 온전히 나의 지식이 된다.

책을 산더미처럼 쌓아놓고 읽는 아이는 속독이 가능하다. 수빈이 엄마는 아이가 책을 쌓아놓고 빠른 시간에 읽으니 건성으로 읽는 것 같다고 계속 의심했다. 정 걱정이 되면 도전 골든 벨 게임을 해보라고 했다.

내 예상대로 아이는 책의 내용을 잘 기억하고 있었다. 읽는 시늉은 단기간은 할 수 있지만 장기간 지속할 수는 없다. 특히 쌓아놓고 읽기는 쉽지 않다. 진짜 책을 좋아해야 가능한 일이다.

속독은 정독과 다독을 통해 자연스럽게 형성된다. 수박 겉 핥기처럼 대충대충 급하게 읽는 것이 아니다. 아이가 책을 너무 급하게 읽으면 생각하면서 깊이 읽는 것이 좋다고 말해주자. 천천히 소화하면서 다양한 분야의 책을 읽는 것이 좋다.

군이 정독과 다독 중 한 가지만 선택해야 한다면 정독이 더 중요하다. 특히 논픽션은 정독이 필요하다. 원서를 읽으면 다양한 정보와 문화 그리고 그들의 가치관까지 한 번에 흡수할 수 있다. 영미권 친구와 처음 만나도 어색하거나 낯설어하지 않는다. 그들의 문화와 일상을 간접적으로 이미 알고 있고 서로 공감대가 형성되기 때문이다. 그래서 자연스럽게 대화가 가능하다.

원서를 좋아하고 즐기는 아이로 만들어라. 아이가 국내 국외를 넘나드는 글로벌 인재로 성장할 수 있다는 큰 그림을 그리자. 그 꿈은 반드시 이루어질 것이다. 초등 때 영어의 기본기를 잘 쌓아놓으면 이후는 탄탄대로이다. 우리 아이의 수준에 맞고 아이가 관심을 가지는 원서를 장르의 구분 없이 많이 읽게 하자. 픽션이든 논픽션이든 다양한 장르의 원서

대치동을 이기는 엄마표 영어

를 두루두루 읽는 것이 좋다. 정독과 다독으로 다양하고 폭넓게 읽혀라.

희정 쌤의 엄마표 영어 미니 클래스

원서의 종류에 대해 알아보아요

보통 리더스북, 챕터 북처럼 작가의 상상에 의해 만들어진 이야기를 픽션(fiction)이라 한다. 사실 기반으로 지식과 상식이 풍부한 정보를 담은 책은 논픽션(nonfiction)이라 한다. 한글 논픽션은 수학 잡지, 과학 잡지, 백과사전, 신문 기사 등이다. 영어 논픽션은 DK Readers, Four Corners, BBC Earth, National Geographic Kids Everything, Scholastic Hot and Cold Animals, Who Would Win?, What If You Had, The Magic School Bus Science, Fly Guy Presents 등이 있다.

픽처 북(Picture book)

그림이 중심인 책으로 그림만으로 내용이 이해돼서 영어를 처음 접할 때 읽기 좋은 책이다. 대표적인 픽처 북은 에릭 칼(Eric Carle), 존 버닝햄(John Burningham), 앤서니 브라운(Anthony Browne) 등 세계적인 유명 작가의 작품들이다.

리더스북(Readers book)

그림책에 익숙해진 아이들을 위해 리딩 연습을 목적으로 만든 책이다. 레벨별로 구성되어 있어서 쉬운 레벨부터 단계별로 읽기 좋다.

I can read, Oxford Reading Tree, Learn to Read, Ready to Read, Step into Reading, Hello reader, My first reading, Fun to read 등이 있다.

얼리 챕터 북(Early Chapter book)

리더스북에서 챕터 북으로 넘어가기 전에 보기 좋은 책이다.

Mercy Watson, Zak Zoo, Dragon Tales, Nate the Great, Young Cam Jansen, Owl Diaries, Horrid Henry Early Reader, Mr.Putter&Tabby, Rockets, Chameleons 등이 있다.

챕터 북(Chapter book)

챕터 별로 나누어진 책으로 그림이 거의 없고 글이 많아진다. 보통 갱지(신문지)로 돼 있다.

Magic Tree House, Junie b. Jones, Arthur Chapter, Marvin Redpost, Horrid Henry, Captain Underpants, Zack Files, A to Z, Cam Jansen, Andrew Lost, Tree House, Roald Dahl 등이 있다.

7

단어와 문법은 문장에서
자연스럽게 익혀라

단어, 문장 속에서 익혀라

'하루에 50개의 단어를 외우는 것이 효과적일까?'
'영상과 원서로 수천 단어를 익히는 것이 효과적일까?'

영어는 한 단어가 여러 개의 뜻을 가지고 있기 때문에 단어만 외워서는 문장에서 어떤 뜻으로 쓰였는지 구분하기 쉽지 않다. 단어 하나하나의 뜻보다 전체 문장의 뜻을 이해하고 문장에 따라 단어의 뜻이 어떻게 달라지는지 구분해내는 능력이 중요하다. 그냥 단어의 뜻만 외우는 것은 의미가 없다. 그리고 많은 뜻을 일일이 암기할 수 없기 때문에 새로운 문장이나 지문을 보았을 때 전체적인 맥락으로 의미를 유추하는 능력이 더 중요하다. 동일한 단어를 여러 문장에서 계속 만나다 보면 자연스럽게 익혀진다. 나중에 철자만 암기하면 된다.

엄마표 영어는 단어를 일일이 암기하지 않는다. 그 대신 문장에서 단어의 의미가 무엇인지 감각적으로 알아가는 과정을 통해 단어를 배우므로, 단어와 문장의 뜻을 유추하는 힘이 길러진다. 모국어를 배울 때도 단어를 암기하지 않고 이미지와 소리의 매칭을 통해 자연스럽게 배운다. 그러다 나중에 문자 인식이 되면서 단어를 알게 된다. 이것과 같은 이치이다. 아이에게 문장에서 단어 하나만 집어 무슨 뜻이냐고 물어보면 모르기도 한다. 하지만 전체 문장의 뜻은 알고 있다. 이것은 자연스러운 현상이고 나중에 필요할 때 단어는 외우면 된다. 단어는 문장 안에서 자연스럽게 습득해야 오래 기억에 남는다. 따라서 단어는 많이 보고 많이 들어 몸으로 직접 익히는 것이 좋다.

엄마표 영어를 수년간 진행한 아이의 어휘 내공은 어마무시하다. DVD와 원서를 보고 들으며 폭넓게 어휘가 확장되었기 때문이다. 단지 정확하게 철자를 암기해 본 경험이 없을 뿐이다.

아이의 능력이 같다는 전제 조건하에 무작정 단어만 외우는 아이보다 집중 듣기를 많이 한 아이가 외우는 속도가 빠르다. 익히 많이 보고 들었던 익숙한 단어라 쉽게 외워진다. 단어는 문장 속에서 어떤 의미로 쓰였는지 정확하게 구분해서 의미를 파악하는 것이 진정한 의미의 단어를 익히는 방법이다. 단어는 DVD와 원서를 통해 매일 보고 들으면서 자연스럽게 익혀라.

초등 때 단어 암기에 힘 빼지 말라.

단어 암기의 적합한 타이밍을 노려라

단어 암기는 중학교 입학하기 전, 6학년 겨울 방학을 이용하라. 수행 평가나 지필 평가(중간, 기말고사) 또는 서술형 문제를 풀기 위해 정확한 철자와 뜻을 함께 외우는 것이 필요하다. 그 전에는 DVD와 원서를 통해 단어(어휘)를 폭넓게 확장시켜라. 대부분 쓰기를 하면서 철자에 익숙해지지만 철자의 오류를 없애려면 교과서와 문법 교재에 나오는 단어는 필수적으로 암기하자. 수행, 지필, 서술형 평가에서 고득점하려면 기본적으로 철자까지 완벽하게 외워야 한다. 어쩔 수 없이 급하게 학습으로 단어를 외워야 하면 예문과 함께 외워라. 단어를 암기하는 최고의 방법은 예문을 보며 발음, 뜻, 쓰임을 함께 외우는 것이다.

가끔 아이가 단어를 잘 못 외우는데 단어 암기를 안 해봐서 그런 것 아니냐고 질문하는 엄마가 있다. 그런 경우라면 원래 암기하는 것이 더디거나 외우는 것을 싫어할 확률이 높다. 다른 과목은 척척 외우는데 유독 단어만 못 외우는 아이는 없다. 단어를 효과적으로 암기하는 방법은 입으로 발음을 하면서 철자를 쓰면서 암기하는 것이다. 노트를 세로로 2

등분 해서 왼쪽에 단어를 쓰고 오른쪽에 뜻을 써보게 하면 좋다. 그리고 완벽하게 암기되었다는 생각이 들 때 반을 접어 단어를 보고 뜻을 맞추어 보아라. 반대로 뜻을 보고 단어를 맞추어 보면 완벽하게 암기되었는지 혼자서도 확인해볼 수 있다.

눈으로만 쓱 보고 암기하는 경우는 주관식이나 서술형에서 s나 es와 같은 틀리기 쉬운 부분에서 철자의 오류를 범하기 쉽고 대소문자 구분을 안 해서 틀리기도 한다. 단어 암기의 최적기는 6학년 겨울 방학이다. 이 시기를 절대 놓치지 말라.

단어는 정확한 발음, 철자, 뜻을 함께 외워라. 그리고 예문과 함께 익히자.

문법의 시기 놓치지 말라

"이제 4학년인데 문법해야 하지 않나요?"
"옆집 아이는 문법책 3번 돌았다는데, 안 해도 되나요?"

4학년만 되어도 질문한다. 대답을 들어도 조금 지나면 또 질문한다. 불안해서 그럴 것이다.

'과연 4학년이 이해할 수 있는 문법 수준이 어느 정도일까?'

쉬운 문법 교재를 3번 미리 본다고 중학교 지필 평가 점수 100점이 보장되진 않는다. 중등 내신에서 초등 때 배운 기초 수준의 문제는 출제되지 않는다. 문법을 시작하면 영어에 흥미가 현저히 떨어지고 용어가 어렵기 때문에 이해도 잘 되지 않고 복잡하고 힘들다.

최대한 늦게 시작하라.

그 시간에 영어 노출에 더 신경 써라. DVD 한 편, 원서 한 장 더 읽는 것이 낫다. 특히 외부 지문이 많이 출제되는 학교에서 엄마표 영어를 한 아이는 더욱 빛날 것이다.

현행 교육 과정에서 문법 정리는 필수이다. 6학년 겨울 방학에 중1 문법을 전체적으로 정리하는 것이 좋다. 영어 수업을 이해하기 위한 준비 과정이다. 그동안 노출을 통해 어렴풋이 알고 있지만 정확하게 알지 못하는 부분을 꼼꼼하게 정리해두자. 지필 평가에서 특히 중등은 문법으로 변별하기 때문에 암기해야 할 부분은 정확하게 암기하고 넘어가야 한다. 문법은 겨울 방학을 이용해서 다음 학년에 배울 부분을 정리해두면 된다. 문법을 너무 일찍 시작하거나 1년 내내 지루하게 붙들고 있을 필요 없다.

중1 과정은 → 6학년 겨울 방학 때

중2 과정은 → 중1 겨울 방학 때

중3 과정은 → 중2 겨울 방학 때

인강(인터넷 강의)을 듣거나 이해력이 좋은 아이는 스스로 개념을 읽고 불규칙 동사처럼 잘 외워지지 않는 부분은 소리 내면서 반복하면 효과적이다. 자기 주도 학습이 힘든 아이는 과외나 학원의 문법 특강을 활용하는 것도 좋다. 중학생은 초등과 달리 시간이 한정적이기 때문에 주어진 시간을 얼마나 효율적으로 사용하느냐가 중요하다.

공교육의 평가가 듣기, 말하기, 읽기, 쓰기로 바뀌면 지루한 문법을 하지 않아도 되는데 아쉬운 부분이다.

엄마표 영어로 기본기를 쌓았기 때문에 영어 감각을 유지하면서 필요한 시기에 문법을 정리하고 준비하면 된다. 특히 중3 문법은 완벽하게 정리해두자. 꼼꼼하고 완벽하게 이해하고 넘어가야 고등학교에 입학했을 때 수월하다. 고등 영어 독해 지문은 길이도 길어지지만 난이도가 높아진다. 중등과 고등의 영어 수준은 하늘과 땅 차이다. 엄마표 영어는 고등의 길고 높은 수준의 지문을 이해하는 데 도움이 된다. 엄마표 영어가 고등 때 더 진가를 발휘하는 이유이다.

단어는 예문과 함께 문장 속에서 익혀라

take의 뜻을 한번 살펴보자.

1) I **take** a book. 가져가다.

2) You **take** a picture. (사진을) 찍다.

3) I **take** a shower. (샤워를) 하다.

4) He **takes** the subway. 타다

5) She **takes** two classes. 듣다

6) You should **take** his advice. 받아들이다

7) Do you **take** sugar in your coffee? 넣다

8) I'll **take** the black shirts. 사다. 선택하다

이외에도 뜻이 많다.

위의 예에서 보듯이 단어만 외워서는 문장에서 어떤 뜻으로 쓰였는
지 구분하기 어렵다.

자신에게 맞는 단어장을 선택해서 암기하자

워드 마스터

능률 보카

대치동을 이기는 엄마표 영어

문법책을 추천해주세요

중학영문법 3800제

실천할 수 있는
하루의 루틴을 만들어라

균형 잡힌 하루의 루틴을 완성하라

이제부터 엄마표 영어 하루의 일상을 소개하겠다. 둘째는 기상하면 제일 먼저 온라인 프로그램을 20~30분 한 후 아침을 먹으며 흘려 듣기를 했다. 나는 아이를 등교시킨 후에 주 3회 요가를 했다. 처음에 어깨가 안 좋아서 시작했는데 통증도 줄었지만 몸과 마음이 모두 가벼워졌다. 아이를 키우다 보면 여기저기 아픈 곳이 생긴다. 자신에게 맞는 운동을 정해 꾸준히 하는 것은 좋은 것 같다. 차분한 음악에 맞추어 유연하게 몸을 움직이고 나면 기분이 좋아졌다. 건강한 몸에 건강한 정신이 깃든다는 말처럼 몸이 편해야 아이에게 괜한 짜증이나 화를 내지 않게 된다. 엄마의 행복지수가 높아야 아이의 행복지수도 높아진다.

엄마의 건강 = 가족의 행복

엄마의 행복지수 = 아이의 행복지수

엄마가 건강하고 행복해야 집안 분위기가 좋다. 엄마가 아프면 엄마 자신도 고생이지만 가족 모두 고생이다. 우리 엄마가 하는 일이 얼마나 많은가? 엄마는 마음껏 아플 수도 없는 존재이다. 참 서글프다. 하지만 엄마는 대단하고 없어서는 안 되는 가장 소중한 사람이다. 해도 해도 끝이 없고 티도 안 나는 역할을 매일 해내는 것 자체가 대단하다. 세상의 모든 엄마는 희생과 노력이 동반된 엄청난 일을 매일 해내고 있다. 세상에서 최고로 힘들고 어려운 직업이 바로 엄마이다. 변변한 월급조차 없는 무보수이지만 엄마의 정성으로 무럭무럭 커가는 아이를 보면 최고로 보람되고 가치 있는 일을 하고 있는 것이다.

귀가 후에는 집안일을 간단히 하고 휴식을 취했다. 피곤이 몰려오는 날은 낮잠도 자고 몸의 컨디션을 좋게 만들었다. 엄마의 기분이 좋아야 행복한 얼굴로 아이를 맞이할 수 있다

둘째는 귀가하면 제일 먼저 DVD를 1시간 정도 보았다. DVD 보는 시간은 편하게 쉬는 시간이었다. 여기서 아이에게 던지는 중요한 말이 하나 있었다.

"우리 아들 수업에 집중하느라 힘들었지?"

"보고 싶은 DVD 실컷 보면서 푹 쉬어."

'아, DVD 보는 시간은 쉬는 시간이구나!' 아이는 DVD 보는 시간을 휴식 시간으로 생각했다. DVD 보는 시간이 편하고 행복한 시간이 될 것인지, 잔소리 듣는 힘든 시간이 될 것인지는 '엄마의 말'에 달려 있다. DVD 보기가 끝나면 원서 집중 듣기를 30분 하고 한글책 읽는 시간을 가졌다. 내가 학교 도서관에 가서 기다리는 날은 책을 먼저 읽고 귀가했다. 이후 오르다나 부루마블 같은 교구 게임을 했다. 학교 과제가 있는 날은 과제를 먼저 끝내고 저녁 먹기 전에 수학 사고력 2문제, 연산 문제를 10분 정도 풀었다. 하루에 많은 양을 하기보다 아이가 소화할 수 있는 양만큼 꾸준히 했다.

열심히 진행하는 집은 여행이나 가족 행사가 있으면 아침에 할 일을 마치고 출발하기도 한다. 하루의 루틴이 깨지지 않게 조절해주는 방법이다. 이 부분은 각자의 상황에 맞게 조절하면 된다. 평상시에 열심히 했으면 단기 여행 같은 경우는 마음 편히 푹 쉬고 와도 된다. 둘째는 평상시에 열심히 했기 때문에 여행 갔을 때는 쉬고 왔다. 가끔 숙소에서 DVD를 보는 경우는 있었다. 습관이 된 루틴이라 푹신한 침대에 누워서 보는 DVD는 행복한 시간이었다. 아이가 원하면 보여주고 원하지 않으

대치동을 이기는 엄마표 영어

면 그냥 쉬었다.

　하루의 계획대로 꾸준히 진행하고 있으면 성공이다. 여행 가서 못 한다고 불안해하지 말라.

깨지지 않는 루틴 만들기

　재연이 엄마는 아이가 집중력이 부족하고 엉덩이가 가볍다고 하소연한다. 책 읽는 시간도 늘 부족하다. 몇 년을 지켜본 결과, 주말에 여행이 잦다. 방학 때는 물론이고 평일에도 체험 학습을 내고 수시로 여행을 떠난다. 아이가 집중할 만하면 여행을 가니 차분하게 앉아서 몰입할 시간이 없는 것이다. 너무 잦은 여행은 독이 될 수 있다. 맛있는 음식도 가끔 먹어야 맛있는 줄 아는데 자주 먹으면 그 맛을 잘 못 느낀다. 여행도 마찬가지이다. 가끔 떠나야 여행의 기쁨도 알고 열심히 노력한 후에 누리는 휴식이 귀한 줄도 안다.

　요즘은 풍족해서 문제인 것 같다. 가지고 싶은 것을 쉽게 가질 수 있고 결핍을 모르니 가진 것에 대한 소중함을 잘 느끼지 못하는 것 같다.

　연수 엄마는 여름 방학 내내 하와이에 있을 예정이라고 했다. 평소 아이들을 잘 챙기지 못해 루틴이 잡혀 있지 않은 집이라 걱정이 앞섰다. 그래서 집중 듣기라도 조금씩 하면 좋겠다고 조언했다.

"방학은 그냥 실컷 놀아야지요."

그러나 귀국한 후에 아이들은 책상에 앉기는커녕 DVD도 보지 않았다. 좀처럼 루틴이 돌아올 기미가 보이지 않았다. 엄마는 직접 경험하고 나서야 마냥 논 것을 후회했다. 어른도 놀다가 다시 일하려면 꾀가 나는데 절제력이 부족한 아이들은 오죽할까?

여행은 즉흥적으로 떠나기보다 계획을 세워 루틴이 깨지지 않는 범위 내에서 가는 것을 추천한다.

과유불급(過猶不及, Too much is as bad as too little)이라는 말이 있듯이 무엇이든지 지나친 것은 좋지 않다.

스트레스 날려버리는 일상을 만들라

둘째는 할 일을 마치고 저녁을 먹은 후에 놀이터에서 친구들과 만나

대치동을 이기는 엄마표 영어

서 놀았다. 보통 일주일에 3~4회, 1시간~1시간 30분 정도 실컷 놀았다. 엄마들은 벤치에 앉아 일상의 이야기를 하며 정보를 나누었다. 가끔 이벤트로 치킨과 아이스크림을 먹으며 친구들과 행복한 추억을 쌓았다. 귀가하면 샤워를 하고 잠자리 독서로 하루를 마감했다.

나는 아이가 잠든 후에 재미있는 토크쇼(Talk Show)를 보며 하루의 스트레스를 풀었다. 한참 웃다 보면 힐링이 되어 내일의 힘을 얻었다. 각자의 방식대로 엄마나 아이 모두 스트레스를 풀고 새로운 에너지를 얻는 방법을 찾아보자.

야외 활동이나 신체 활동은 과하지 않은 선에서 시간과 횟수를 미리 정해놓으면 아이와 마찰이 생기지 않는다. 아이는 마냥 놀고 싶어 하기 때문에 절제력과 통제력을 기를 수 있게 조절해주자. 내일의 일상에 피해를 주지 않고 루틴이 깨지지 않는 정도가 적당하다.

가지치기는 필수, 시간을 확보하라

'어느 분야에 투자하는 것이 유리할까?'

악기나 운동으로 성공하는 것은 공부로 성공하기보다 훨씬 어렵다. DNA, 즉 타고난 재능이 중요한 분야이고 피나는 노력을 해야 성공할 수 있다. 그러나 언어는 누구나 가능하다.

학습지 2~3개, 방과 후 수업, 태권도, 수영, 축구, 농구, 피아노, 미술, 과학, 수학······.

수업이 많다 보니 아이는 집에 머무는 시간이 없다. 책 읽을 시간조차 확보하기가 어렵다. 그러니 영어 노출 시간은 턱없이 부족하다. 초등 이후에 영어 노출 시간을 확보하겠다는 것은 하늘의 별 따기다. 미술에 재능이 있으면 미술에 집중하고 악기에 재능이 있으면 악기에 집중하면 된다. 그런데 이것저것 다 시켜서 하나도 제대로 하는 것이 없는 아이로 만들어 버리는 엄마들의 재주가 놀랍다. 너무 많은 것을 하려고 하면 어느 것 하나 제대로 하지 못한다.

아이의 영어 노출 시간을 확보하려면 생활의 가지치기가 필요하다. 먼저 우선순위를 정하라. 아이에게 꼭 필요한 것, 그중에서도 잘하는 것을 1순위로 정하라. 꼭 필요한 것만 최소로 남기고 이외에는 깔끔하게 정리하라. 그래야 시간이 확보된다. 시간적 여유가 있어야 필요한 것에 집중할 수 있다. 나무가 잘 자라 튼실한 열매를 맺으려면 가지치기는 필수이다. 아깝다고 모든 가지를 그냥 두면 실한 열매를 맺기는커녕 비실거리다 말라 죽고 만다. 결국 열매 수확은 꿈도 꾸지 못하게 된다. 아이의 꿈과 미래는 나무의 성장과 비슷하다.

대치동을 이기는 엄마표 영어

실한 열매를 맺는 튼튼한 나무를 만들 것인가, 열매가 없는 비실비실한 나무를 만들 것인가?

선택은 부모의 몫이다.

시간 확보를 위해 불필요한 사교육을 가지치기하라. 버리지 않으면 채워지지 않는다. 과감히 버려야 채워진다.

엄마표 영어 성공 Checklist

10년 후 우리 아이의 모습을 그려보세요.

영어를 도구로 꿈을 이룬 아이에게 짧은 편지를 써보세요.

대치동을 이기는 엄마표 영어

WINNING ENGLISH

"도전에 성공하는 비결은 단 하나,

결단코 포기하지 않는 일이다."

- 디모 도어 루빈

실한 열매를 맺는 튼튼한 나무를 만들 것인가,

열매가 없는 비실비실한 나무를 만들 것인가?

선택은 부모의 몫이다.

4장

엄마표 영어로
대치동 이기는 6가지 방법

WINNING ENGLISH

"엄마표 영어를 완성하는 길은 영어를 평생 친구 삼는 것이다. 그러면 영어를 도구로 다양한 기회를 얻을 수 있다. 그리고 다양한 꿈을 꿀 수 있다."

쓰기(writing) 성공 원칙
A to Z

많이 보고 듣고 읽어라

빌프레도 파레토 박사의 80:20 법칙에 따르면, 자신이 좋아하는 것을 할 때는 80%는 기억하고 20%는 잊어버린다고 한다. 하지만 반대로 싫어하는 것을 할 때는 20%는 기억하고 80%는 잊어버리게 된다.

쓰기는 책상에 앉아서 연필을 잡고 쓰는 것보다 놀이처럼 활동하면서 재미있게 접근하는 것이 좋다. 재미있는 놀이로 한 활동은 기억에 오래 남는다.

영어 노출 2~3년 차가 넘어가는 시기가 되면, DVD나 원서에 나온 단어부터 조금씩 써보자. 저학년은 처음에 그림을 그리는 수준이다. 소근육이 잘 발달되어 있지 않아 연필을 잡고 쓰기가 쉽지 않다. 쓰기 연습이 가능한지 아이의 상황을 먼저 살펴야 한다. 한국어 쓰기가 힘들면 아직 쓸 시기가 아니다. 준비가 안 되었는데 억지로 시키면 진짜로 써야 할 시기에 거부할 수 있다. 쓰기도 적기 교육이 중요함을 명심하라.

쓰기는 영어에서 가장 마지막에 완성되고 가장 완성하기 어려운 영역이다. 좋은 문장을 많이 보고 듣고 읽으면서 영어 표현을 익히게 하라. 쓰기를 잘하려면 쓸 재료가 풍부해야 하는데 재료는 원서에 많이 담겨있다. 원서의 다독은 쓰기의 기본이자 완성이다. 원서를 읽지 않고 쓰기를 잘하고 싶다는 것은 욕심이다. 간단한 표현은 쓸 수 있지만 심도 있고 논리적인 글쓰기는 한계에 부딪힌다. 한국어 글쓰기도 다독을 한 아이들이 풍부하고 수준 높은 글이 나오는 것과 같은 이치이다.

알파벳 대소문자를 구분해서 써보고 단어를 붙여놓고 수시로 읽고 마음에 드는 단어를 써보게 하라. 앞면에 그림, 뒷면에 글씨가 있는 카드의 그림을 보고 단어 맞추기 게임을 해보자. 그리고 화이트보드에 단어를 써보면 재미있어한다. 또한 깊이 있는 모자나 통에 단어 카드를 섞어놓고 뽑아서 읽은 후에 써보기 놀이를 하면 문자에 집중하게 되고 단어가 눈에 들어오기 시작한다. 화이트보드에 단어를 쓰면서 선생님 놀이를 자주 활용하라.

원서 읽기를 통해 영어 문장의 감각을 익히고 자신의 생각을 창의적으로 쓰면 누구나 읽고 싶은 매력적인 한 편의 글이 완성된다.

대치동을 이기는 엄마표 영어

남의 글 모방이 먼저다

단어 쓰기는 문장 쓰기의 기초이자 기본이다. 아는 단어가 많으면 쓰기가 수월하다. 단어 쓰기가 익숙해지면 이제 간단한 문장 쓰기를 시작하라. 처음에는 남의 글을 모방하라. 원서에 나온 간단한 1줄 쓰기부터 시작하라. 1줄, 2줄, 3줄. 서서히 양을 늘리면 된다. 쓰기가 익숙해지면 자기 느낌이나 생각 1줄 쓰기에 도전해보자. 자기 느낌이나 생각 쓰기에 자신이 붙기 시작하면 조금씩 양을 늘려보라. 이렇게 서서히 조금씩 써보는 과정이 쌓이면 어느새 자유 일기 한 페이지를 거뜬히 쓸 수 있는 실력이 된다.

본격적인 글쓰기는 인풋이 차고 넘치는 3년 차 이후에 원서 필사(베껴 쓰기), 영어 일기, 시중의 쓰기 교재를 활용하면 좋다. 그렇게 하면 탄탄한 기본기를 갖추게 된다. 책을 읽은 후에 주인공에게 편지 쓰기, 뒷이야기 꾸며서 쓰기, 동시 쓰기, 여행 다녀온 후기, 재미있게 본 DVD나 원서의 감상 적기 등 다양한 형식으로 표현해보면 좋다.

영어 교과서는 아주 좋은 필사 교재이다. 남의 글을 모방하며 문장의 형식, 구성, 동사의 변형 등을 자연스럽게 익히는 것이 글쓰기의 기본이다. 필사 이후에 주어, 동사, 단어를 변형하여 다시 자신의 문장으로 재

구성해보라.

I like dogs.

You like cats.

She likes elephants.

Tom likes parrots.

We like birds.

They liked dolphins.

I don't like dragonflies.

She doesn't like grasshoppers.

You didn't like bats.

주어 바꾸기, 동사 바꾸기, 단어 바꾸기를 하면서 문장의 짜임과 동사의 형태 변화, 문법 요소(3인칭 단수), 부정 표현 등 문장의 기본 틀을 익혀라. 처음에는 주어나 동사가 두 개 나오기도 하고 문법과 철자를 많이 틀린다. 처음에 한국어 쓰기 할 때도 이런 과정을 거쳤다. 비뚤비뚤하고 받침도 틀린 아이의 어린 시절 기록을 한번 펼쳐보라. 피식 웃음이 절로 나온다. 모국어도 이랬는데 영어야 틀리는 것이 당연하다. 처음부터 완벽한 쓰기를 바라는 것은 간신히 걷기 시작한 아이에게 뛰라는 것과 같

대치동을 이기는 엄마표 영어

다. 완벽한 글쓰기보다 중요한 것은 '유창성'이다. 자신의 생각을 한 호흡에 쭉 써 내려 가는 힘을 키우는 것이 중요하다. 틀린 부분을 지적하고 빨간 펜으로 수정하는 것은 글쓰기 실력을 방해할 뿐 아니라 쓰기 자체가 싫어질 수 있으니 주의하라.

쓰기를 업그레이드하라

네이버 사전에서 무작위로 단어를 선택해보자. 예를 들어 'happy'라는 단어를 찾으면 관련된 예문들이 나온다. 예문 쓰기를 하면서 완벽한 문장 쓰기를 훈련할 수 있다. 예문의 발음을 듣고 따라 말하는 연습도 같이 해보라.

자유 일기의 완성도가 높아지면 '주제 정해 글쓰기' 훈련을 해보자. 환경 오염, 지구 온난화, 코로나 바이러스 등 사회적으로 이슈가 되는 주제로 자신의 생각을 써보게 하면 훗날 수행 평가 훈련도 되고 글쓰기가 확장된다. 가벼운 주제가 아니기 때문에 배경 지식이 풍부해야 하며, 관련된 기사 읽기가 선행되어야 가능하다. 결국 쓰기를 잘하려면 한글책과 원서를 많이 읽어 배경 지식과 재료를 풍부하게 해야 한다.

쓰기 역시 인풋된 정보가 차고 넘쳐야 아웃풋이 가능하다. 기본기가 채워지지 않은 상태에서 질 높은 수준의 글쓰기는 불가능하다.

기사문 쓰기도 좋다. 영어 신문 기사를 필사하고 같은 주제로 자신의 생각을 써보면 도움이 된다. CNN Student News 스크립트(script, 원고)를 출력해서 소리 내서 읽고 필사하면 글의 수준이 한결 높아진다. 딕테이션(dictation, 받아쓰기)도 도전해보라. 들으면서 영어 타이핑을 치면 듣기와 쓰기 실력을 동시에 성장시킬 수 있다.

엄마표 영어를 한 아이가 쓴 글은 천편일률적이지 않고 재미있고 창의적이다. 원서를 많이 읽어 재료가 풍부하고 살아 있는 표현을 자주 접했기 때문에 틀에 맞추어지지 않은 자연스러운 글이 나온다. 글을 쓰는 훈련을 인위적으로 하지 않아서 더 그런 것 같다. 남과 다른 창의적인 글은 사람의 마음을 끌어들이는 신기한 힘이 있다.

첨삭은 쓰기의 걸림돌이다

석훈이는 집에서 엄마표 영어를 오랫동안 했다. 중학생이 된 석훈이의 쓰기 실력은 초등 저학년 수준이다. 엄마한테 계속 문법의 오류와 철자를 지적받아 단어 나열식의 무미건조한 글이 나온다. 엄마는 문법적 오류를 꼭 잡아주어야 할 것 같아서 빨간 펜으로 그으며 첨삭했다. 그렇게 문법에 지나치게 신경 쓰다 보니 내용이 부실했다. 나를 만난 후, 일체 첨삭은 하지 않고 매주 칭찬만 해주었다. 조금씩 글이 길어지고 주제가 다양해졌다. 엄마의 완벽한 글쓰기 강조에 6년 가까운 시간 동안 스스로 알을 깨지 못한 채 알 속에서 움츠리고 있었던 것이다.

틀려도 거침없이 써보는 것이 좋다. 완성된 글쓰기는 나중에 해도 된다. 일단 겁 없이 써야 한다. 문법적으로 부족해도 쭉 써 내려 가게 두면 스스로 교정기를 거쳐 점차 완성도 높은 글이 나온다. 첨삭은 아이 스스로 성장하는 길에 걸림돌이 된다. 안 좋은 기억이나 경험은 글쓰기로부터 영영 멀어지게 한다.

제19기 주니어 헤럴드 학생 기자단에 코칭하는 아이들이 11명 지원했다. 모두 엄마표 영어만 했고 특별한 첨삭은 하지 않았다. 경험 삼아 원하는 아이들이 지원했고 지원자 모두 합격했다. 정해진 주제로 글을 써서 1차 서류를 통과한 후에 원어민과 2차 인터뷰를 통과해야 최종 합격이다. 기본적으로 쓰기와 말하기 실력이 되어야 지원이 가능하다. 학생 기자단이 되면 헤럴드 기자증이 발급되고 매달 정해진 주제를 선택해서 기사를 쓴다. 잘 쓴 기사는 영자 신문에 실리는 영광을 얻게 된다. 합격만 해도 대단한데 전국에서 20명에게 수여하는 '우수 학생 기자상'을 이도현 학생이 받았다. 한 주에 보통 8개의 기사가 실리는데 내가 지도한 아이들의 글이 한 주에 5개나 실리기도 했다. '영어'의 '영' 자도, 알파벳

'A'도 모르고 시작한 아이들이 대부분인데, 어느새 기사문까지 척척 써 낸다. 엄마표 영어의 힘은 참 대단하다.

대치동을 이기는 엄마표 영어

가문의 영광, 영자 신문에 기사가 실리다

둘째는 주니어 헤럴드 학생 기자단 활동을 통해 영어 실력을 대외적으로 검증받게 되었다. 매달 정해진 주제로 자신의 생각을 논리적으로 쓰는 연습을 통해 쓰기에 자신감이 생겼다. 도전을 즐기지 않는 아이라 처음에는 거의 울며 겨자 먹기 식으로 도전했다. 그렇게 얼떨결에 도전했는데 영자 신문에 4번의 기사가 실렸다. 4번의 기사 모두 스스로 썼다. 영자 신문에 처음 실렸을 때의 기쁨은 이루 말할 수 없었다.

"엄마, 신문에 실린 자랑스러운 아들 밥 주세요."

한동안 '자랑스러운 아들'을 수식언처럼 붙여 말하곤 했다. 둘째는 말수가 적은데 유머러스하고 유쾌한 아이다. 기자단 활동은 아이에게 행복한 경험이자 성장하는 동력이 되었다. 기자단 활동은 중학교 교내 영어 신문 동아리 활동으로, 그리고 고등학교 영어 논문 동아리 활동으로 이어졌다. 본인의 글이 신문이나 책으로 완성되어 실릴 때마다 성취감을 느꼈다.

헤럴드 기사 741호

헤럴드 기사 749호

헤럴드 기사 774호

헤럴드 기사 776호

대치동을 이기는 엄마표 영어

2

원어민처럼
리딩(reading) 잘하는 방법

리딩, 적당한 시기를 공략하라

영어 노출 2년 정도이면 리딩을 시작할 수 있는 시기이다. 충분히 음성 언어의 노출이 차고 넘칠 때 리딩을 시작해야 한다. 그동안 집중 듣기를 하면서 원서의 음원과 손가락을 맞추어가며 문자에 익숙해졌기 때문에 어렵지 않게 시작할 수 있다. 문자 인식이 어느 정도 된 상태이기 때문에 처음에 떠듬떠듬 읽더라도 머지않아 글 밥이 제법 있는 책도 읽을 수 있게 된다. 처음부터 잘 읽는 아이도 있고 서서히 성장하는 아이도 있다. 하지만 결국 모두 읽게 된다. 아이마다 성장하는 속도는 다르지만 보통 엄마표 영어 3년 차 이상이면 높은 레벨의 책을 읽을 수 있다.

리딩은 집중 듣기의 영향을 많이 받는다. 아이마다 문자를 인식하는 시기는 다르다. 모국어를 익힐 때 문자 인식이 빨랐던 아이는 영어도 빨리 익힌다. 모국어를 익히는 데 시간이 오래 걸린 아이는 문자에 익숙해지는 동안 기다려주어야 한다. 초기에 원서 집중 듣기를 하면서 자꾸 읽으려고 하면 듣기에 집중하게 하는 것이 좋다.

아이가 원서를 자꾸 읽으려고 하고 문자에 관심이 생기면 그때 살짝 리딩을 끼워 넣어라. 아이를 세심히 관찰하면 그런 시기가 보인다. 리딩을 1시간씩 시키는 것은 미련한 짓이다. 그렇게 오래 한다고 리딩 실력이 좋아지지 않는다. 리딩이 지겹고 힘들면 실력이 붙지 않는다. 오히려 부작용으로 발음이 어눌하고 안 좋은 경우가 많다. 엄마의 성화에 못 이겨 억지로 시간만 때우고 대충 읽게 된다. 리딩의 적정 시간은 20분 정도이다. 계속 소리 내서 읽기 때문에 20분도 짧은 시간이 아니다. 양보다 질 그리고 꾸준히 읽는 것이 중요하다.

나를 만난 후, 아이들은 대부분 리딩 시간이 줄어든다. 하지만 오히려 실력은 월등히 좋아진다. 질적으로 집중하기 때문에 단기간에 급성장한다. 처음에 집중 듣기나 리딩 시간이 줄어들면 엄마들은 불안해한다. 하지만 시간이 흐르면서 결과로 확인이 되니 아이는 편해지고 엄마는 만족스러워한다.

'내가 그동안 해왔던 방식이 잘못되었구나!'

엄마가 인정하는 순간이 온다.

리딩, 무조건 칭찬하라

처음에는 패턴이 반복되는 1~2줄짜리 리더스북이나 집중 듣기 했던 책 중에 한 페이지에 1~2줄 정도 되는 원서부터 부담 없이 시작하라. 리딩이 만만하고 재미있다는 생각이 들어야 꾸준히 읽을 수 있다. 발음의 오류에 너무 민감하게 반응하지 말고 무조건 잘 읽는다고 칭찬을 듬뿍 해주어라.

"와우 원어민! 원어민이 울고 가겠어."

끊임없이 칭찬하며 계속 읽고 싶게 유도하라. 틀리게 읽어도 무조건 칭찬해주어야 한다.

채영이는 처음에 리딩을 더듬거렸다. 잘 읽는다고 이 부분만 조금 신경 쓰면 원어민이 울고 갈 것 같으니 조금만 힘내보자며 계속 응원해주었다. 응원의 말대로 채영이는 어느 순간 원어민이 울고 갈 실력으로 성장했다. 여기에서 엄마의 역할도 중요하다. 엄마도 같이 칭찬해주면 시간이 흐르면서 아이의 실력은 자연스럽게 성장한다. 지금은 언제 더듬더듬 읽었던 아이였나? 싶을 정도로 폭풍 성장했다. 외국에서 살다 왔냐고 친구들이 부러워한다.

서연이 엄마는 항상 아이의 장점보다 단점을 이야기한다. 리딩이 좀처럼 늘지 않아 아이와 매일 씨름한다. 코칭자가 아무리 응원해줘도 엄마가 한숨 쉬고 잔소리하면 실력은 좀처럼 나아지지 않는다. 아이는 위축이 되어 목소리가 점점 더 작아진다.

몇 년을 진행해도 아이의 실력에 변함이 없다면 아이의 문제가 아니다. 긍정적인 피드백을 주지 못한 엄마의 문제이다. 엄마의 역할은 기다림과 마음 비우기이다. 칭찬은 아이를 성장시키는 가속 페달임을 기억하자. 브레이크가 아닌 가속 페달을 밟는 것이 성장의 발판이다.

리딩, 적당한 기회를 잡아라

'유빈이가 리딩을 잘하던데 이제 나도 읽혀야겠어.'

아이는 문자에 관심도 없고 준비도 안 됐는데 엄마 혼자 무리하게 끌고 가는 것은 위험하다. 아이의 반응을 살피면서 리딩을 스스로 하고 싶게 만들어야 한다. 동기부여를 시키는 것이 먼저이다. 아이의 상황을 살피면서 리딩을 슬쩍 끼워 넣는 센스는 오로지 엄마의 능력이다.

많이 보고 듣고 충분히 인토네이션, 악센트, 발음, 연음에 익숙해지면 그때 자연스럽게 읽기를 시작하라. 리딩이 힘들고 재미없다는 인식을

대치동을 이기는 엄마표 영어

주면 역효과가 생길 수 있으니 주의하라. 모국어를 배울 때도 간판이나 책을 읽을 때까지 꽤 많은 시간이 흘렀다는 사실을 떠올려보라.

원어민 같은 발음의 비법

리딩은 한국어 발성하는 것과 상관관계가 있다. 한국어를 정확하고 또 렷하게 말하는 아이는 영어 발음도 정확하다. 반면에 말끝을 흐리거나 혀 짧은 소리를 내거나 비염이 있는 아이는 발성에 한계가 있다. 평상시 에 한국어 문장을 끝까지 정확하게 말하는 연습을 하면 도움이 된다.

리딩을 잘하는 비법은 원어민의 발음을 그대로 따라 하는 것이다. 원 서의 음원을 들으며 연따와 정따의 방법으로 연습할 수 있다. 연따는 원 어민의 발음을 들으면서 연속으로 따라 말하는 방법이고 정따는 한 줄 듣고 따라 말하고 또 한 줄 듣고 따라 말하는 방법이다. 세이펜이 있는 원서는 세이펜을 활용하라. 원어민의 인토네이션, 악센트, 발음, 연음을 똑같이 따라 연습하면 된다. 본인의 목소리를 녹음해서 들어보면 원어 민과 어떻게 다른지 알 수 있다. 녹음해서 들어보고 비교해보며 최대한 원어민과 비슷하게 따라 하려고 노력해보라. 혀가 자연스럽게 굴러가야 원어민처럼 발음이 된다.

발음의 오류는 네이버 사전에서 발음을 듣고 따라 말하면 교정된다. 느린 속도의 책으로 시작해서 속도가 빠른 책으로 서서히 올려 주어라. 속도에 익숙해지면 계단식으로 서서히 올리는 것이 좋다. 발음이 자신 있게 나올 때까지 충분히 연습한 후에 원어민과 흡사해지면 다음 단계로 올려라. 리딩은 연습을 통해 최대한 실력을 높일 수 있다.

발음에 목매지 말라

사실 영어 발음 자체가 그렇게 중요하지는 않다. 원어민과 소통만 되면 된다. 아이의 발음이 좋으면 엄마는 뿌듯하고 어깨의 뽕이 올라간다. 주변의 부러움을 한 몸에 받고 입이 귀에 걸린다. 하지만 발음에 너무 집착하지 말라. 한국어도 정확하고 또렷하게 말하는 사람이 있고 다소 정확하지 않게 말하는 사람도 있다. 아나운서처럼 발성하기를 바라는 욕심은 아이를 힘들게 한다. 충분한 인풋이 되지 않은 상태에서 무리하게 리딩을 시작하면 유창하게 나오지 않고 어색하고 억지스러운 발음이 된다. 영어 인풋이 충분히 된 후에 자연스럽게 시작하는 것이 좋다.

영어 발음을 좋게 한다고 혀 밑(설소대) 절개 수술이 한때 유행했었다. 설소대가 비정상적으로 길게 붙어 있는 사람은 수술로 발음이 교정될 수 있지만 정상인이 자른다고 발음이 좋아지지 않는다. 오히려 불필요한 수술을 하다가 침샘을 잘못 건드리면 침샘이 막힐 수 있다고 한다. 물리적인 수술이 아니라 연습과 훈련으로 발음은 어느 정도까지 충분히 좋게 만들 수 있다.

형석이는 어릴 때 설소대 수술을 받았다. 한국어를 말할 때 혀 짧은 소리가 난다. 그래서 영어 발음도 정확하지 않다. 꾸준히 연습해서 이전보다 속도도 좋아지고 발음도 좋아졌다. 하지만 엄마가 원하는 정도의 발음은 나오지 않았다. 욕심을 버리고 마음을 비워야 하는데 엄마는 계속 집착했다. 엄마가 집착할수록 아이의 실력은 늘지 않았다. 리딩을 2달간 쉽게 해주었더니 오히려 실력이 좋아졌다. 리딩은 마음이 편해야 실력이 붙는다. 아이의 실력이 정체되고 성장되지 않으면 잠시 그 행위를 멈추는 것이 현명하다.

반기문 사무총장의 발음을 들어보았나요? 우리 귀에는 발음이 안 좋게 들리지만 원어민들은 영어를 잘한다고 칭찬하고 인정해준다. 영어 실력은 단순히 발음으로 평가할 수 없고 문장을 표현하는 방식과 구사하는 어휘가 중요하다. 버터 발음을 너무 부러워할 필요 없다.

문장의 의미를 모르면서 소리만 따라 읽는 것은 앵무새 화법이다. 앵무새가 무슨 뜻인지 모르면서 그냥 따라 하는 것처럼 말이다. 진정한 리딩은 문장을 읽으면서 동시에 의미를 아는 것이다. 영어 발음에 너무 집착하지 말라.

희정 쌤의 엄마표 영어 미니 클래스

연따? 정따? 미미킹?

연따는 '연속 따라 말하기'의 줄임말이다. 보고 따라 하는 게 아니라, 원어민의 발음을 들으면서 연속으로 따라 말하는 방법이다. 정따는 한 줄 듣고 따라 말하고, 또 한 줄 듣고 따라 말하는 방법이다.
미미킹(mimicking)은 mimic(흉내를 내다)와 king(왕)이 합쳐진 이름이다. DVD나 연설 등을 들으면서 그 상황과 인물에 완전히 몰입이 되서 인토네이션 액센트 발음 제스처까지 똑같이 연기하듯이 따라 하는 것이다. 거의 동일한 사람처럼 감정이입을 해서 목소리를 비슷하게 표현하는 방법이다. 미미킹을 꾸준히 연습하면 원어민과 비슷할 정도로 스피킹 실력이 성장할 수 있다.

대치동을 이기는 엄마표 영어

3

공짜로 스피킹(speaking) 실력
쌓는 비법

스피킹 공짜로 배워라

스피킹은 한국어 말하기 실력과 비례한다. 한국어로 말하기를 좋아하고 유창한 아이는 영어로도 유창하다. 한국어는 유창한데 스피킹이 잘 안 되면 인풋이 부족하거나 완벽주의 성향이라 완벽한 문장이 아니면 내뱉지 않기 때문이다.

스피킹 연습은 DVD를 보면서 연속적으로 따라 말하는 방법이 있다. 대사를 들으며 바로 쫓아 말하다 보면 혀가 자동으로 굴러가고 그대로 익혀진다. 원어민의 발음을 그대로 따라 하면서 입이 저절로 트이는 신기한 경험을 하게 된다. 하루에 5분, 10분 조금씩 늘려 애니메이션 한 편을 통째로 연따하면 스피킹은 자연스럽게 해결된다.

원어민과 잠깐 화상 영어 하는 것보다 백배 천배 효과가 크다. 처음에는 간단한 문장을 따라 하고 서서히 긴 문장으로 연습해야 자신감도 붙고 재미있어한다. 느린 속도의 DVD로 시작해서 빠른 속도로 서서히 올려주면 된다.

아이가 좋아하는 애니메이션으로 시작하라. 그래야 재미있게 따라 할 수 있다. 하지만 준비가 안 된 아이에게 시키면 발음이 뭉개지는 부작용이 생길 수 있다. 스피킹의 기본은 자신감이다. 틀려도 문제 되지 않으니 자신 있게 뱉어야 실력이 는다. 아이가 입을 열기 시작할 때 발음이나 문법 교정은 입을 닫게 하는 원인이니 절대 하지 말라. 연따는 말하기 실력을 늘리는 최고의 방법이다.

화상 영어는 인풋이 차고 넘칠 때 하라

화상 영어는 인풋이 차고 넘쳐 입이 근질거리고 대화하고 싶은 욕구가 강할 때 시작하라. 원어민 수업을 받는 이유는 말을 잘하고 싶어서이다. 대화가 되려면 먼저 영어 귀가 트여야 하는데 짧은 시간으로는 턱없이 부족하다. 원어민과 깊이 있는 대화를 할 정도로 실력이 쌓였을 때 시작하는 것이 좋다. 그때 본격적으로 하는 것이 경제적으로나 효과 면에서 이득이다. 만약 주 5일 20분씩 화상 영어를 하면 한 주에 총 100분

(1시간 40분)이다. 계속 대화할 수도 없고 기초 수준의 교재 위주로 수업을 받는다.

사실 더 좋은 방법이 DVD 보기이다. 주 5일 1시간씩 DVD를 보면 한 주에 총 300분(5시간)이다. 무려 3배의 차이가 난다. 매일 DVD 보면서 연따하는 것이 화상 영어보다 낫다는 것이다. 그것도 공짜로 말이다! 우리가 원하는 스피킹은 원어민과 유창하게 주고받는 대화인데 낮은 레벨은 인사말이나 파닉스 같은 수준의 수업을 한다. 내성적이고 소극적인 아이는 잘 들리지 않는 상태에서 원어민과 수업을 하면 부담감이 클 수 있다. 다행히 거부감이 없는 아이라 해도 원어민과 친숙해지는 정도이다. 또한 원어민 수업은 아이의 듣기 수준에 맞추어 천천히 말해주기 때문에 한계가 있다.

첫째는 원어민 수업을 알아들어서 영어 귀가 트여 있다고 생각했는데 복도에서 원어민 선생님끼리 대화하는 내용을 잘 알아듣지 못해서 충격을 받았다고 했다. 원어민 수업을 듣는다고 현지 원어민의 말을 알아듣는다고 착각하지 말라. 현실은 아니다. 살아 있는 영어 표현과 빠른 속도를 알아들으려면 애니메이션이나 영화(실사: 실제 배우가 나오는)를 알아들을 수 있는 실력이 되어야 한다.

아웃풋에 집착하지 말라!

아웃풋에 집착하면 아이를 계속 의심하고 다그치게 된다. 얼마 전 이벤트로 원어민과 함께하는 영어 마을 행사를 했다. 작게 말하는 아이, 쑥스러워서 고개만 끄덕이는 아이, 입이 터져 신나게 말하는 아이 등 반응이 다양하다. 행사가 끝나고 집에 가서도 영어로만 말하는 아이도 있었다. 인풋이 충분하다면 원어민과 만날 기회를 자주 만들어 주어라.

내성적인 아이에게 억지로 원어민과 이야기하라고 떠밀면 부담스러워한다. 아이의 성향이 하루아침에 바뀌지 않는다. 편하게 원어민을 자주 접하다 보면 자연스럽게 입이 열리는 순간이 온다. 결국 입은 터진다. 노출의 양이 턱없이 부족한데 입이 안 터진다고 걱정하는 것은 괜한 걱정이다. 입이 터진 아이들의 공통점은 계속 엄마의 긍정적인 피드백을 받으며 3,000시간 이상 채웠다는 것이다.

아웃풋에 집착하지 말고 인풋에 집착하자. 아웃풋은 스피킹으로 발화되지만 쓰기로도 발화된다. 동기부여 차원에서 글쓰기 대회를 하는데 평소에 말하기는 소극적이던 아이가 쓰기에서 두각을 드러내기도 한다. 아이의 능력은 아무도 모르는 일이다. 말하기를 좋아하는 아이도 있고,

쓰기를 좋아하는 아이도 있고, 리딩을 좋아하는 아이도 있다.

빈 컵에 물을 따르면 꽉 차야 흘러넘친다. 채워지지 않으면 흘러넘치지 않는다. 아웃풋이 안 나오면 인풋에 더 신경 써라. 인풋 없는 아웃풋은 없다.

디베이트(debate, 토론) 잘하는 방법

영어 실력을 충분히 쌓은 후에는 화상 영어나 원어민을 직접 만나 대화하는 것이 좋다. 스피킹의 최고봉은 나의 의견을 다른 사람에게 설득력 있게 전달하는 디베이트이다. 디베이트가 가능하려면 배경 지식이 많아야 하며, 설득력 있게 자신의 주장을 말할 수 있는 논리적인 사고와 말하기 능력이 있어야 한다. 높은 수준의 말하기는 결코 단기간에 완성되지 않는다. 원서를 통해 다양한 지식과 정보를 넓고 깊게 쌓아야 가능하다. 디베이트는 한국어로도 어려운 고난이도의 말하기 기술이다. 만약 '학생들에게 두발 자유를 허용해야 하는가?'라는 주제로 디베이트를 한다고 가정해보자. 찬성하는 쪽은 두발 자유가 필요한 이유와 두발 자유를 허용했을 때 장점이 무엇인지 논리적으로 설득해야 한다. 반대하는 쪽은 두발 자유가 가져다주는 부정적인 부분을 타당한 이유와 근거를 들어 상대방의 논리를 반박해야 한다. 깊이 있는 사고를 통해 자신의 생각을 정리하고 논리적으로 설득해야 한다. 한국어로도 어려운 디베이트를 영어로 한다는 것은 쉽지 않다. 디베이트 실력을 쌓으려면 기사나 사설 같은 비문학 글을 읽는 것이 도움이 된다. 그리고 순발력, 논리력, 비판적인 사고력이 동반되어야 한다.

대치동을 이기는 엄마표 영어

4

영화와 원서를
평생 친구로 삼아라

영어는 평생 나의 친구

아이는 처음에 느린 속도의 DVD를 보지만 시간이 흐르면서 점차 빠른 속도의 DVD를 보고 듣게 된다. 원서도 마찬가지이다. 픽처 북, 리더스 북, 얼리 챕터 북, 챕터 북, 소설, 영자 신문, 기사 등으로 확장된다. 대략 영어 노출 2~3년이 넘으면 애니메이션을 보고 이후 영화, 미드(미국 드라마), 영드(영국 드라마), 다큐멘터리를 보게 된다. 엄마표 영어에서 영화와 원서는 친숙한 친구와 같은 존재이다.

만약 영어 완성 이후에 영화나 원서를 보기 싫어한다면 진행 과정이 매끄럽지 못했을 확률이 높다. 대부분 강압적으로 푸시한 경우이다. 어떤 슬픈 영화보다 가슴 아픈 이야기이다. 그리고 영어 완성을 했어도 몇 년간 담을 쌓으면 영어의 감을 잃어버린다. 한국어도 몇 년간 사용하지 않으면 머릿속에서 맴돌고 잘 떠오르지 않는다. 영어 완성에만 초점을 맞추지 말고 과정의 즐거움을 느끼게 해주어야 한다. 과정의 즐거움은 칭찬을 받은 경험이나 아이 스스로 성취감을 느꼈을 때 쌓인다. 행복한 경험이 쌓여야 평생 언어로 이어질 수 있다. 아이가 영화와 원서를 즐겨 본다면 성공한 엄마표 영어이다.

우진이 엄마는 방학마다 원서 1,000권 읽기를 시켰다. 아이가 언어적인 재능을 보이자 엄마에게 큰 꿈이 생겼다. 우리나라에서 손꼽히는 자사고 입학이었다. 엄마 스스로 계획을 세우고 정보를 찾아 엄마표 영어를 진행했다. 어렸을 때는 엄마가 하라는 대로 종일 앉아서 목이 터져라 원서를 읽었지만, 중학생이 되자 거부하기 시작했다. 공들인 탑을 무너뜨리기 아까웠던 엄마는 아이와 심한 마찰을 빚으면서까지 원서 읽기를 강행했다. 아이는 중간고사에서 영어 시험을 망쳐버리는 초강수를 두었다. 아무리 엄마가 목표를 세우고 억지로 끌고 가도 아이가 따라주지 않으면 무용지물이다. 욕심을 버리고 원래 목표를 유지했으면 크게 반항하지 않았을 텐데 엄마 혼자 너무 높은 목표를 세우고 억지로 밀어붙여 엇나가고 말았다. 엄마는 아이가 시험을 망쳐온 이후에 비로소 미련을 버렸다. 아이보다 앞서가지 말라. 그리고 영화와 원서를 평생 친구로 만들어 주려면 영어의 재미와 즐거움을 알게 해주어야 한다. 엄마표 영어의 최종 목표는 평생 영어를 가까이하며 즐기는 아이로 만들어 주는 것이다.

논픽션 읽는 방법과 필요성

논픽션은 비문학 원서이다. 과학, 사회, 역사, 위인, 기타 정보와 상식이 풍부한 생생한 정보책이다. 영자 신문, 위인전, 영어 잡지, 백과사전 등을 통해 세상 돌아가는 이야기를 접하고 고급 어휘를 만나게 된다. 논픽션은 스토리북처럼 그냥 읽어서 앞뒤 문맥으로 이해하기 쉽지 않다. 단어를 찾아보며 이해하는 것이 좋다. 사전에서 발음을 듣고 뜻도 찾아보면 이해도가 높아진다. 단어장을 만들어 단어와 뜻을 써보며 고급 어휘를 확장하라.

픽션(스토리북)보다 논픽션을 좋아하는 아이도 있다. 비문학 한글책을 즐겨 읽는 아이다. 다만 대부분의 아이는 좋아하지 않기 때문에 적당히 넣어주는 것이 좋다.

비율은 픽션:논픽션 = 70:30 또는 60:40 정도로 넣어주자. 많이 보면 좋지만 원서에 흥미가 떨어질 수 있으니 적당히 넣어주어라. 아무리 도움이 되고 필요해도 재미없으면 소화시키지 못한다.

영어 논픽션을 거부하지 않게 하려면 시작하기 전에 다양한 한국어 비문학을 읽혀 배경 지식을 먼저 깔아주어라. 한국어와 영어 모두 전문적인 용어와 고급 어휘가 동시에 확장된다. 수능 영어 독해의 대부분이 비문학 지문이다.

영어와 독서,
절호의 타이밍을 잡아라

주말과 방학은 여유를 가져라

　주말과 방학은 체험, 신체 활동, 여행 등 휴식을 취하고 다양한 경험을 하는 시간으로 활용하라. 평소에 책을 통해 간접 경험과 지식을 쌓는 데 집중했다면, 주말과 방학은 여유를 가지고 직접 경험과 체험을 하라. 이런 과정을 통해 아이의 적성과 꿈을 찾게 되기도 한다.

　박물관 견학, 유적지 탐방, 다양한 공연 보기, 가까운 곳으로 당일 여행 등 가족 모두 힐링하는 시간으로 만들어 보자.

　주말과 방학도 학원 스케줄로 채워져 평일보다 바쁜 아이들이 있다. 지도했던 아이가 방학이 없었으면 좋겠다고 해서 놀란 적이 있다. 이유는 엄마가 스케줄을 많이 만들어서 방학이 더 피곤하고 힘들다는 것이다. 방학은 지치고 힘든 몸과 마음을 재충전하고 부족한 부분을 보충하는 기회로 삼는 것이 좋다. 쉬지 않고 계속 달리면 번아웃(burnout, 심신이 지친 상태)이 와서 학기 중에 쉬어야 할 수도 있다. 그 아이 역시 우수한 아이였는데 결국 번아웃이 와서 원하는 대학에 가지 못했다. 대입 결과에 의미를 두고 싶지 않지만 원인이 속도 조절 실패였기 때문에 살펴볼 필요가 있다. 여기에서 우리는 교훈을 얻어야 한다.

도서관을 내 집 거실처럼

그냥 쉬고 싶은 주말은 도서관 나들이를 해보자. 평소에 부족했던 독서 시간을 충분히 채울 수 있는 절호의 찬스이다. 오는 길에 맛집 투어를 해보자. 도서관을 싫어하는 아이도 맛있는 것을 먹는 재미에 또 가자고 한다. 하지만 외식이 너무 잦은 집은 통하지 않을 수 있다. 이런 경우는 다른 것으로 유혹해야 따라나선다. 정기적으로 가다 보면 도서관이 내 집처럼 편안하고 친숙해진다. 놀아도 도서관에 가서 노는 것이 좋다. 그 조용한 분위기를 느껴보고 열심히 책을 읽고 공부하는 사람들의 모습을 보며 아이는 느끼는 바가 클 것이다.

또한, 도서관은 여름에는 에어컨이 빵빵하고 겨울에는 난방이 팡팡 나온다. 경제적으로도 이득이다. 방학 동안 삼시 세끼에 간식까지 챙기려면 엄마는 육체적으로 너무 힘들다. 집에서 빈둥거리는 아이를 보면 화가 치밀어 오르니 밖으로 데리고 나가는 것이 정신 건강에 좋다. 방학 때 도서관에서 주체하는 행사나 공연이 많으니 미리미리 신청해두자. 도서관을 이용하는 아이들이 생각보다 많지 않다.

나는 아이들 키울 때 도서관 가까이 살 때가 가장 행복했다. 방학 때는 아침 먹으면 거의 도서관에 갔다. 엄마도 아이도 조용한 곳에 있으면 차분해지고 집중력도 생긴다. 그러면 서로 얼굴을 붉힐 일도 줄어든다.

영어의 소나기와 폭설을 내려라

방학은 부족했던 독서 시간과 영어 노출의 양을 획기적으로 늘릴 수 있는 최고의 시간이다. 여름 방학과 겨울 방학을 합치면 대략 3개월 정도 된다. 어영부영 보내면 쏜살같이 흘러가는 짧은 시간이지만 계획을 세워 알차게 보내면 꽤나 긴 시간이다.

여름 방학은 소나기가 내리듯 영어에 흠뻑 젖게 해주고, 겨울 방학은 폭설이 내리듯 영어에 노출시켜주면, 어느덧 아이의 영어 실력은 부쩍 자라 있다. 집에 머무는 시간이 많으니 영어 노출의 양도 두 배로 늘릴 수 있다.

방학 때 장기 여행을 가는 집이 많은데 길게 다녀오면 루틴이 깨져 다시 시작하려면 힘들다. 아이는 편하고 노는 것에 익숙해져서 좀처럼 책상에 앉으려 하지 않는다. 생활 습관과 학습 습관이 무너지지 않는 선에

대치동을 이기는 엄마표 영어

서 여행 계획을 세우자. 길게 가는 경우는 진행할 것을 챙겨가서 조금씩이라도 하자. 그래야 귀가 후에 흔들림 없이 진행할 수 있다. 습관 잡기는 어려운데 한번 깨진 습관은 좀처럼 돌아오지 않는다. 어렵고 불편한 진실이다.

방학과 주말은 평소에 부족했던 노출 시간을 확보하고 DVD 보기와 흘려 듣기의 시간을 획기적으로 늘릴 수 있는 기회이다. 평소에 부족한 부분을 보충하고 영어 성장의 시간으로 최대한 활용해보라.

영어 실력
업그레이드(upgrade)하는 비밀

다양한 채널을 활용하라

영어 완성 이후에는 CNN 뉴스, TED, 관심 있는 분야의 유튜브, 수준 높은 원서로 노출의 끈을 이어가자. 한국어도 어휘를 확장하는 방법은 독서를 통해 고급 어휘를 자주 접하는 것이다. 이처럼 영어도 의사소통이 가능해진 후에는 독서나 다양한 채널을 통해 고급 어휘를 확장하는 것이 좋다. 여기서 영어 완성이라 하는 것은 영어로 듣기, 말하기, 읽기, 쓰기가 편해지고 외국에 나가서 생활하거나 수업을 듣는 데 어려움이 없는 단계를 말한다. 틈틈이 CNN을 틀어놓고 기사 스크립트(script, 원고)를 출력해서 읽으며 고급 어휘를 확장하는 환경을 만들자. 이미 일상이 되어버린 영어는 원서를 통해, 해외 뉴스를 통해, 재미있는 영화나 다큐멘터리, 관심 분야의 영상이나 인터뷰를 보면서 점점 확장시켜라.

화상 영어를 하거나 원어민을 직접 만나서 대화하는 것도 좋다. 영어 동아리 활동을 통해 깊이 있게 연구하고 기사도 쓰고 영자 신문을 제작해보는 것도 좋다. 또한 도서관에서 영어 동화책 읽어주는 봉사 등을 통해 자신의 재능을 타인과 나누는 활동도 좋다. 재능 기부는 나의 성장과 남의 성장을 동시에 이룰 수 있는 의미 있고 가치 있는 일이다. 영어를 수단으로 주변과 소통하고 재능 기부를 통해 사회의 구성원으로서 도움이 되는 역할을 한다면, 아이 또한 자신이 자랑스러울 것이고 자존감도 높아질 것이다. 이런 소중한 경험은 자신을 성장시키는 원동력이자 또 다른 기회를 얻는 값진 일이다.

노력한 자만이 얻는 달콤한 보상

주변 친구들은 학원 과제 하느라 바쁜데 우리 아이는 원서를 꺼내 읽을 수 있는 여유로움을 만끽할 수 있다. 이 땅의 많은 아이들이 이런 자유와 여유로움을 가졌으면 좋겠다. 기회가 되면 해외 봉사나 영어 캠프에 참석하는 것도 좋다. 다양한 경험을 통해 넓은 세상으로 한 발자국 더 가까이 나가는 소중한 시간이 될 것이다. 영어의 자유로움이 선사하는 기회를 경험하고 그동안 쌓은 실력을 마음껏 뽐내고 느껴보는 시간이 될 것이다.

어느 영재 학교에서 있었던 일이다. 국제 대회에서 1등을 한 아이가 있었는데 스탠포드 대학에서 장학금도 주고 국제적인 아이로 키우고 싶다고 스카우트 제의를 했다. 그런데 이 친구는 안타깝게 영어가 준비되어 있지 않아서 인생에서 한 번뿐인 기회를 잡지 못했다.

'준비된 자에게 기회가 온다.'

영어에 신경 썼다면 로또 같은 기회를 날리지 않았을 것이다. 얼마나 아쉬웠을까 싶다. 영어가 얼마나 큰 자산인지 알려주는 에피소드이다. 현명한 부모는 아이의 미래를 준비하는 부모이다. 당장 문제 하나 더 풀고 시험에서 한 문제 더 맞히는 것보다 평생의 자산이 되는 것에 집중적으로 투자하는 것이 미래를 준비하는 현명한 자세이다.

대치동을 이기는 엄마표 영어

엄마표 영어 성공 Checklist

엄마표 영어를 성공하기 위해서
엄마가 꼭 지켜야 할 것 3가지를 적어보세요.

1
_____

_____

_____

2
_____

_____

_____

3
_____

_____

_____

빈 컵에 물을 따르면 꽉 차야 흘러넘친다.

채워지지 않으면 흘러넘치지 않는다.

아웃풋이 안 나오면 인풋에 더 신경 써라.

5장

엄마표 영어로
아이의 인생을 바꿔라

WINNING ENGLISH

"오늘 최선을 다하면 내일 한 걸음 더 나아간다. 글로벌 리더는 멀리 있지 않다. 그 주인공이 바로 우리 아이가 될 수 있다."

생활 습관·학습 습관·영어 습관, 올인원!

아이는 부모의 뒷모습을 보고 자란다

엄마표 영어는 양육의 일부이자 일상의 한 부분이다. 거창하게 생각하지 말고 쉽게 도전해보라. 할 수 있다는 용기를 내고 시작하면 할 만하다. 아니 생각보다 쉽다. 실제로 잘 진행되는 집의 엄마들은 생각보다 쉬운데 왜 겁을 내는지 모르겠다고 말한다.

진행이 잘 안 되는 아이의 특징은 부모의 특징과 닮아 있다. 아이는 부모의 뒷모습을 보고 자란다. 하고 싶으면 하고, 하기 싫으면 안 하고, 놀고 싶으면 놀고, 자고 싶으면 자고, 어려서부터 규칙적으로 앉아서 무엇을 진득하게 해본 경험이 없는 아이는 기본기를 키우는 데 시간이 오래 걸린다. 하지만 시간이 걸려도 결국 습관은 잡힌다. 어릴수록 기본 생활 습관 잡기가 수월하기 때문에 아동기를 놓치지 말라. 생활 습관이 잡혀야 학습 습관도 잡힌다. 학습 습관이 잡혀야 영어 습관도 잡힌다.

서정이는 양치하러 들어가면 안 나온다. 양치하는 데 30분, 밥 먹는 데 1시간씩 걸린다. 책상에 앉아서 공부해 본 경험이 없어 배를 깔고 누워서 한다. 다른 아이가 10분이면 끝내는 일을 1시간씩 한다. 속도가 나지 않고 방에 들락날락하면서 하루 종일 한다. 이런 경우 먼저 책상에 앉는 훈련부터 해야 한다. 익숙해지는 데 시간이 필요하니, 먼저 생활 습관 잡기에 공을 들여야 한다. 우리 집에는 규칙이 있고 할 일을 먼저 해야 놀 수 있다고 알려주자.

고집이 세서 원하는 대로 안 되면 울고불고 예민한 아이는 일일이 대응하지 않는 것이 좋다. "엄마는 나가 있을게. 마음 풀릴 때까지 울고 나와." 조용히 밖으로 나오면 된다. 소리 지르고 발버둥 친다고 같이 소리 지르고 화낼 필요 없다. 본인 하고 싶은 대로 다 할 수 없고, 울어도 아무 소용없다는 교훈을 알려 주어야 한다. 자기 조절력은 어려서부터 배워야 한다. 먼저 잘못된 습관이 고쳐져야 정상적인 생활이 가능하고 학습 습관도 잡힌다. 이후 영어 습관 잡기는 식은 죽 먹기이다. 물 흐르듯 술술 진행이 가능하다. 대부분 생활 습관이 안 잡힌 집이 엄마표 영어를 힘들어한다. 하나의 습관을 잡는 데 66일 걸린다고 한다. 먼저 아이의 습관 잡기에 공들여보자. 결국 엄마표 영어는 생활 습관과 학습 습관 잡기부터 해야 성공할 수 있다.

대치동을 이기는 엄마표 영어

관심의 끈을 놓지 말아라

지우 엄마는 학습은 스스로 하는 거니깐 아이에게 방에서 혼자 하라고 했다. 아이가 열심히 했다고 믿었는데 어느 날 관심을 가져보니 듣기 문제를 하나도 풀지 않았다. 엄마는 배신감이 들어서 눈물이 났다고 한다. '믿는 도끼에 발등 찍힌다는 말이 이런 거구나!'

아이는 처음부터 엄마를 속이려 한 것은 아닐 것이다. 하기 싫어 한 번 두 번 안 하다 보니 그런 상황이 된 것이다. 아이들은 유혹에 약하고 스스로 통제하고 절제하기가 쉽지 않다. 그래서 규칙과 규율이 필요하고 엄마의 관심이 필요한 것이다. 가끔 늦은 저녁 전화벨이 울린다. 아이 혼자 하라고 맡겨두었는데 이런 사달이 났다고 전화로 아쉬움을 전해온다. 사실 아이 옆을 지키지 못한 엄마의 잘못이 더 크다. 문제야 다시 풀면 된다. 하지만 스스로 죄책감이 드는 아이에게 상처 되는 말을 마구 쏟아부으면 관계가 깨지고 아이 가슴에 매운 상처만 남게 된다. 이미 엎질러진 경우 잘 봉합해서 앞으로 어떻게 개선해야 할지 방법을 찾는 것이 우선이다. '어차피 안 믿어주는데 앞으로도 안 할 거야.' 성향에 따라 극단적인 결론을 내리는 아이도 있다. 아이를 혼자 방치한 것은 엄마의 잘못이기 때문에 함께 있어 주지 못해서 미안하다고 하는 것이 오히려 좋은 해결 방법이다. 엄마의 말을 들은 아이는 양심의 가책을 느끼고 스스로 반성할 것이다.

서현이는 에너지가 넘치는 아이다. 단어 한 개 듣고 화장실 다녀오고, 한 개 따라 말하고 냉장고 문을 열었다. 엄마는 속에서 천불이 났다. 원래 에너지가 넘치고 집중력이 부족한 아이는 엉덩이가 들썩들썩한다. 아이가 움직인다고 혼내는 것보다 집중했을 때 칭찬해주는 것이 좋다. 잘했다고 칭찬해주며 입에 사탕 하나 쏙 넣어주면 아이는 행복해한다. '아, 이렇게 하니 엄마에게 칭찬을 받는구나.' 입이 귀에 걸리고 조금씩 노력하기 시작한다. 4년이 지난 지금, 서현이는 집중력이 없던 아이라고는 믿기지 않을 정도로 1시간도 거뜬히 앉아 있게 됐다. 지문이 긴 듣기 문제도 집중해서 듣고 척척 풀어낸다. 엉덩이 힘이 약한 아이는 처음에 10분 앉아 있기도 힘들다. 지금 아이는 참고 인내하는 중이다. 엄마의 칭찬과 당근은 엉덩이 힘과 집중력을 길러준다.

대치동을 이기는 엄마표 영어

엄마표 영어가 어려운 맘들의 특징

1) 일관성이 없고 끈기가 부족하다.

2) 남의 말에 영향을 많이 받는다.

3) 아이의 사소한 의견과 예민한 투정에 일일이 반응한다.

4) 긍정적인 마음보다 부정적인 마음이 크다.

5) 생활의 규칙과 규율이 부족하다.

6) 해야 할 일을 미루는 경향이 있다.

7) 아이의 장점보다 단점을 본다.

8) 못 하는 이유를 찾고 변명이 많다.

9) 늘 바쁘고 일이 많다.

10) 시간과 약속을 잘 지키지 않는다.

엄마표 영어가 쉬운 맘들의 특징

1) 일관성이 있고 끈기가 있다.

2) 남의 말에 영향을 받지 않는다.

3) 아이의 괜한 투정은 모른 척 넘어간다.

4) 매사에 긍정적이다.

5) 생활의 규칙과 규율이 있다.

6) 일의 순서를 정해 할 일부터 처리한다.

7) 아이의 장점을 보려고 노력한다.

8) 무슨 일이 있어도 할 일은 그날 한다.

9) 에너지가 있고 여유가 있다.

10) 시간과 약속을 잘 지킨다.

아이의 자존감은
영어 실력과 정비례!

대기만성형 아이를 주목하라

참 신기하다. 처음에 소심하고 목소리가 작았던 아이가 어느새 리딩과 스피킹에 힘이 들어간다. 처음에는 무슨 말을 하는지 알아듣기 힘들 정도로 목소리가 작았다. 중학교에 입학하면서 영어에 두각을 나타내고 수행평가 때마다 칭찬과 관심을 받자 다른 과목도 동반 상승한다. '영어의 신', '전교에서 가장 영어 잘하는 아이'라는 타이틀은 엄청난 동기부여가 된다. 실제 코칭하는 아이들이 영어 선생님으로부터 들은 말이다.

소극적이고 내성적인 둘째 이야기이다. 초등 때는 줄반장도 안 하던 아이가 중학교에 입학해서 전교 회장이 되었다. 물론 자발적이지 않았고 선배와 선생님의 추천과 설득이 있었다. 세 명이 한 팀이 돼서 여섯 팀이 경합을 벌였다. 연설, 질문과 답변, 열띤 토론 과정을 TV 모니터를 통해 전교생이 보고 최종적으로 마음에 드는 팀을 뽑는 형식이었다.

'과연 마이크를 잡고 잘 말할 수 있을까?'

내심 걱정했는데 아이는 거울 앞에 서서 열심히 연습했다. 토론 당일에 상대팀이 난해한 질문으로 집요하게 파고들었는데 둘째가 명쾌한 답으로 맞섰다고 한다. 나중에 다른 엄마에게 들었다. 둘째의 답변이 당선되는 데 큰 역할을 했다고.

"우리 아이가요? 정말로요?"

놀라웠다. 그리고 감사했다. 조용하고 내성적이던 아이가 자신감과 자존감이 높게 자라주었다는 사실만으로 기뻤다. 초등 때는 영재 학급에 지원해볼까 의사를 물으면 싫다고 했다. 그런데 중학교에 입학해서 스스로 교육청 영재원에 도전해보겠다고 하더니 덜컥 합격했다. 사교육을 받은 적도 없는데 갑자기 영재원에 도전해보고 싶다 해서 도전한 것이다. 원하면 도전해보라고 응원해주었는데 예상 밖의 결과였다.

'아이는 여러 번 바뀌는구나.'

'기다려주면 이렇게 성장하는구나.'

아이의 진가는 결승선까지 가봐야 한다는 사실을 알게 되었다. 그리고 내성적인 아이도 도전하고 성취하면서 외향적이고 적극적인 아이로 바뀌고 성장할 수 있다는 사실도 확인했다.

소정이는 조용하고 내성적이라 미팅 때 만나면 목소리도 작고 할 말만 간신히 하는 아이였다. 무리에서 자신을 잘 드러내지 않는 성향이었는데 놀랍게도 이번에 전교 회장에 당선되었다. 성적은 반에서 1등.

'숨은 내공이 있는 아이였구나!' 깜짝 놀랐다. 평소에 겉으로 자신을 잘 드러내지 않고 맡은 일만 성실히 하는 아이였다. 성향이 온순하고 아이들과 교우 관계가 좋았다. 조용하고 내성적인데 향후에 두각을 나타내는 아이들의 공통점이 있다. 성향이 온순하고 인기가 많고 성실하고 책임감이 있다. 그리고 조용하지만 말에 힘이 있다. 특히 자존감이 높다. 이렇게 대기만성형인 아이는 오랜 시간 여유를 가지고 기다려주어야 한다. 아이를 있는 그대로 인정하고 받아들이는 여유로운 부모가 되자.

때로는 절망이 희망이 된다

하윤이는 초4에 만났고 평범하고 조용한 아이다. 내성적이고 테스트할 때 너무 긴장해서 보는 내가 다 불안할 정도였다. 그런데 중2, 2학기 기말고사에서 전과목 올 백을 맞았다. 그동안 많은 아이들을 지도했지만 중등 전과목 올 백은 쉽지 않다. 보통 1문항 정도 아쉽게 틀려온다. '아이들의 능력과 저력은 도대체 어디까지일까?' 지도하는 아이들이 최우수 성적을 받아오고 최상위권, 전교권이 많아진 것을 보면 마음이 흐뭇하다. 또한 초등 때 크게 두각을 드러내지 않던 아이들이 놀랍게 성장하는 모습을 보면서 성취감과 보람을 느낀다.

하윤이는 몸이 약해서 자주 아파 집중하기 어려운 상황이었다. 그런데 강한 정신력으로 노력하는 모습이 참으로 대견스럽다. 사실 중학교에 입학하면서 여러 상황 때문에 진행이 잘 되지 않아 학원이나 과외를 권했다. 중등은 앞에서도 잠시 언급했듯이 아이의 의지가 강하고 꾸준히 진행해야 성공할 수 있다. 할애하는 시간이 부족해지면 진행의 부족함이 생기고 시간에 쫓기면 성실하게 진행이 안 된다. 그래서 차선책을 선택하는 것이 좋겠다고 조언했다. 그러나 나에게 더 이상 지도를 받을 수 없다는 절박감은 열심히 집중하는 원동력이 되었고 올 백을 맞고 나서 어머님이 감사하다고 전화가 왔다. "원장님 덕분에 하윤이가 이렇게 성장할 수 있었어요." 나도 감사했다. 나를 믿고 잘 따라왔고 하윤이가 열심히 노력했기 때문에 가능한 일이었다.

아이의 단면만 보고 미리 결정하지 말라. 느려 보여도 어느 날 진가를 발휘하는 날이 온다. 좋은 환경을 만들어 주고 엄마가 중심을 잡고 꾸준히 실천하면 말이다. 아이는 작은 성공의 경험과 부모의 믿음으로 성장한다. 아이의 재능을 살펴 최대한 성장하게 이끌어주는 부모가 참 부모이다. 자만하고 교만할까 봐 일부러 눌러준다는 부모도 있다. 자존감과 자만함은 다르다. 자만함은 겸손할 줄 모르고 스스로 잘났다고 자랑하며 뽐내는 태도이다. 스스로 소중한 존재이고 가치 있는 존재임을 느낄 때 자존감이 생기고 더불어 자신감도 상승한다. 자존감이 높아야 리더십(leadership)도 생긴다. 앞에 나가 발표하라고 아무리 등 떠밀어도 내면의 힘이 있어야 당당하게 발표할 수 있다. 발표를 잘 안 한다고 부족한 것은 아니다. 물론 자신 있고 자신을 드러내고 싶은 성향이 강한 아이가 발표를 잘하지만 내실 있고 똑똑해도 겉으로 잘 드러내지 않는 겸손한 성향의 아이도 있다. 평범한 아이가 영어로 관심을 받게 되면 관심의 힘이 성적 향상을 불러오고, 성적 향상이 자신감을 높이고 결국 아이는 자존감 높은 아이로 성장한다.

3

초등 때,
이것만은 놓치지 말자

절대 놓치면 안 되는 기본기

첫째, 인성이 바르고 자존감 높은 아이로 키우기

둘째, 책을 좋아하는 아이로 키우기

셋째, 영어가 자유로운 아이로 키우기

넷째, 체력이 좋은 아이로 키우기

첫째, 인성이 바르고 자존감 높은 아이로 키우기

인성이 바르고 자존감이 높은 아이는 어느 곳에 가든지 빛이 나고 주변 사람들과 화합하고 잘 협업할 수 있기 때문에 환영을 받는다. 이런 아이가 미래의 인재상이기도 하다. 높은 자존감과 자신감은 어느 곳에서나 인정받고 당당한 아이로 성장시키는 힘이다.

둘째, 책을 좋아하는 아이로 키우기

책이 주는 이로움은 너무 많아 다 헤아릴 수 없다. 책을 통해 간접 경험을 쌓고 삶의 지혜와 교훈을 얻는다. 사고력, 이해력, 문해력, 집중력, 상상력, 창의력, 문제 해결력을 얻는다. 책은 종합 선물 세트이다. 책은 마음의 양식이라는 말이 있다. 몸에 필요한 에너지원인 양식처럼 사람의 마음과 정신을 성장시킨다. 마음이 단단해지고 생각의 깊이가 생기고 생각을 자라나게 한다. 하교 후에 바로 도서관에 가기, 저녁 8시부터 30분 동안 독서하기, 매주 주말 도서관에 가기 등 독서 시간을 규칙적으로 정해두면 책과 친근한 아이로 자라서 평생 독자가 될 수 있다.

대개 초등 고학년이 되면 혼자 책을 읽겠다고 한다. 책을 읽어 줄 시간이 그리 길지 않으니 아이가 밀어내기 전까지 실컷 읽어주자. 포근하고 폭신한 이불에 얼굴을 파묻고 도란도란 이야기 나누는 시간은 소확행(소소하지만 확실한 행복)이다. 일상이 되기 전에 자꾸 잊어버리면 알람을 설정하는 방법이 있다. 알람이 울리면 "책 읽으러 갈 시간이다." 그러면 아이는 하던 일을 멈추고 신나서 책을 고르러 쪼르르 달려갈 것이다. 엄마도 모든 것을 멈추어야 한다. 미소가 지어지는 따뜻한 풍경이다. 처음에는 하루에 10분 아이를 위해 투자하라. 매일 습관의 힘이 훗날 눈덩이처럼 커져서 돌아온다. 가족이 다 함께 책 읽는 시간을 정해 독서하는 환경 만들기에 최선을 다해보자. 10분, 20분, 30분 서서히 시간을 늘리면 어느 순간 1시간도 빠져서 읽게 된다. 한 술에 절대 배부르지 않다. 매일 꾸준히 지속하는 것이 중요하다. 책을 통해 얻은 정보는 머릿속에 넣어두었다가 아이는 필요할 때 꺼내서 쓴다. 아이의 뇌는 책에서 얻은 정보를 쌓아두는 지식 창고이다. 창고에 지식을 차곡차곡 쌓아두어야 필요할 때 꺼내 쓸 수 있다.

셋째, 영어가 자유로운 아이로 키우기

영어가 자유로우면 장점이 너무 많다. 초등 때 영어의 기반을 잘 다져 놓으면 중고등이 여유롭다. 영어를 완성시켜 놓았기 때문에 다른 과목에 집중할 수 있다. 특히 수학에 비중을 두고 개념+응용+심화까지 탄탄하게 다룰 수 있다. 같은 시간에 3과목을 공부하는 것과 2과목을 공부하는 것은 차이가 크다. 당연히 2과목에 집중하는 아이가 유리할 수밖에 없다. 영어를 완성해서 얻은 보너스 시간을 다른 과목에 집중적으로 투자할 수 있다. 자기 주도 학습 습관과 계획적으로 공부하는 루틴이 잡혀 있기 때문에 시간에 쫓기지 않고 다른 과목에 집중할 수 있고 전반적으로 성적이 좋을 확률이 높다. 독서도 계속할 수 있는 시간적인 여유가 있다.

대치동을 이기는 엄마표 영어

영어가 자유로운 아이란?

듣기, 말하기, 읽기, 쓰기가 편하고 시험은 단기간에 준비가 가능하고 수행도 크게 준비하지 않아도 되는 상태이다.

중학교에 가서 국어, 영어, 수학, 과학 많은 과목을 학원에 의존하게 되면 주말도 스스로 공부할 시간이 없다. 학교 과제, 학원 과제, 시험 준비, 수행 평가, 동아리 활동, 바쁘게 지내다 보면 버겁고 힘들다. 스스로 정리하고 복습할 시간이 없으니 성적도 안 나오고 몸과 마음 모두 지친다.

'나는 공부에 재능이 없나 봐.'
'열심히 했는데 성적이 안 오르네.'

포기하고 싶고 다 놓아버리고 도망가고 싶다. 사춘기와 맞물려 감정의 기복이 심한 시기라 더욱 힘들다. 아이는 호르몬의 변화로 수시로 피곤하고 심지어 낮잠도 잔다. 주말 내내 누워 있고 게임에 빠지거나 스마트폰에서 헤어 나오지 못한다. 하루 종일 빈둥거리는 아이를 보면 부모 속은 새까맣게 타들어 간다. 고성과 물리적 충돌이 수시로 생긴다. 잔소리를 하면 아예 대꾸를 안 하거나 심하게 말대답을 한다. 중학생을 둔 부모는 모두 공감할 것이다. 그래서 초등 시기를 그냥 흘려보내면 안 되는 것이다. 초등 때 자기 주도 학습 습관을 만들어 놓으면 부족한 부분은 인강으로 얼마든지 해결이 된다. 실제로 최상위권 아이들은 사교육 의존도가 높지 않고 필요한 부분만 도움을 받는다는 결과도 있다.

넷째, 체력이 좋은 아이로 키우기

기초 체력은 특히 고등 때 중요하다. 고등은 누가 오래 집중하느냐에 따라 성과가 달라진다. 우수한 아이도 자주 아프고 집중할 상황이 안 되면 타격이 크다. 고등은 대입을 위해 내신과 수능을 함께 준비해야 하는 중요한 시기이다. 수시 정시에 따라 준비 과정이 다를 수 있지만 소위 명문대는 수시 지원자도 생기부(생활 기록부)를 참고하고 수능 최저 등급도 맞추어야 하기 때문에 내신, 교내 활동, 수능까지 준비해야 한다. 고등은 늘 시간이 부족하다. 초등 때 공부만 강조하다 기초 체력을 키우지 못하면 버텨내기 힘들다. 중등은 공부량이 많지 않아 체력이 부족해도 극복이 가능한데 본격적인 경쟁이 시작되는 고등 때 체력은 정말 중요하다.

중등은 지능이 우수하면 벼락치기로 상위권 성적을 충분히 낼 수 있다. 하지만 고등은 절대적인 공부 시간이 필요하므로 더 이상 통하지 않는다. 대입이 아니더라도 건강은 단연 최고의 덕목이다. 규칙적으로 산

책하기(걷기), 등산, 줄넘기, 수영, 농구, 축구, 태권도 등 신체 활동을 하자. 아이가 좋아하는 신체 활동이라면 무엇이든 좋다.

기초 체력이 중요하다고 일주일 내내 운동만 하면 다른 부분이 소홀해질 수 있다. 균형을 잡아 루틴 만들기를 하는 것이 포인트이다.

엄마표 영어는 일상이기 때문에 편안하고 여유가 있고 엄마와 아이 모두 스트레스가 적어야 지속 가능하다. 적당한 스트레스는 성장의 원동력이지만 많은 스트레스는 엄마와 아이 사이를 틀어지게 하고 멀어지게 한다. 생활의 규칙과 질서만 잡히면 엄마표 영어는 잘 진행될 수 있다. 딱 3개월만 하루의 루틴을 규칙적으로 만들어 보라. 루틴이 형성되면 흔들림 없이 진행이 된다.

피할 수 없으면 즐겨라

"우리 아이는 초등 때 즐겁게 뛰어놀았으면 좋겠어요."
"중학교에 가면 공부 많이 해야 하니 실컷 놀게 해주고 싶어요."
"초등 때 공부로 스트레스를 받게 하고 싶지 않아요."

나도 두 아이의 엄마라 어떤 마음인지 헤아려진다. 나 또한 이상적인 교육을 위해 초등과 중등 입학을 앞둔 시점마다 치열하게 고민했고 대

안 학교 설명회에 가보기도 했다. 고민 끝에 내린 결론은 사회에 나가 자신의 몫을 해야 하고, 결국 일정 부류의 사람이 아니라 다양한 사람들과 어우러져 살아야 하기 때문에 공교육 안에서 성장시키기로 했다. 100% 만족스러운 교육 시스템은 존재하지 않는다. 미래의 아이들은 이상적인 교육 시스템 안에서 협업과 이타심을 가지고 서로 배려하며 인성과 감성을 겸비한, 그리고 인공 지능을 능가하는 창의적이고 상상력이 풍부한 아이로 성장했으면 좋겠다.

초등 때 마냥 뛰어놀게 하고 싶은 마음은 굴뚝같지만 다가오는 미래를 준비해야 하고 중고등학교 진학은 피할 수 없다. 홈스쿨링이나 검정고시를 보고 수능을 보는 아이도 있지만 과정만 다를 뿐, 학습으로부터 영원히 자유로울 수는 없다. 초등은 기본 교육이 중요한 시기이다.

건물을 잘 지으려면 기초 공사를 탄탄히 해야 하듯 완성된 인격체로 키우기 위해 기본기를 탄탄히 배워야 한다. 예의와 규칙 지키기, 남에게 피해주지 않기, 상대방 배려하기, 공중 도덕 지키기, 남의 물건 함부로 하지 않기, 타인의 감정에 공감하기, 매일 정해진 일을 규칙적으로 하기 등 초등은 인성 교육, 생활 습관과 학습 습관의 기틀을 만드는 시기이다.

대치동을 이기는 엄마표 영어

중학생이 되었으니 갑자기 공부하라고 하면 습관이 잡혀 있지 않아 힘들다. 아이는 버텨내려고 해도 몸이 흘러내리고 책상에 앉아 있는 것 자체가 곤욕이다. 초등 때 기본 틀을 잡지 않은 상태에서 중학교에 입학하면 무엇을 어떻게 공부해야 할지 아이는 막막하고 엄마는 후회가 된다. 이상과 현실은 다르다.

"공부는 아이가 하고 싶을 때 하면 돼요."
"영어는 아이 스스로 원할 때 배우게 할 거예요."

과연 아이 스스로 공부하고 싶고 영어를 배우고 싶을 때가 언제일까? 수업을 못 따라가거나 시험을 망쳐 좌절할 때 필요성을 느끼게 될지도 모른다. 위축되고 자신감이 떨어져 영포자(영어 포기자)가 되어서야 비로소 깨닫게 될지도 모른다. 좌절이나 실패의 경험은 괜히 미리 겁먹고 포기하게 만든다.

'이제부터 영어 열심히 할 거야.'
'저 친구보다 영어 더 잘할 거야.'

다행히 이런 생각을 하는 긍정적인 아이는 늦게 시작해도 힘은 들지만 따라갈 수는 있다. 단지 발등에 불 떨어져서 시작하면 시간적으로나 마음의 여유가 없기 때문에 스트레스를 받고 영어에 대한 감정이 좋지 않을 수 있다. 즉, 즐기는 영어를 하기에는 시간이 부족하다는 것이다. 초등 때 뛰어놀지 말라는 뜻이 아니라 하루의 할 일을 정해 조금씩이라도 실천하라는 것이다. 규칙적으로 할 일을 꾸준히 하는 것이 아이의 미래를 위해서 필요하다. 공부는 습관이다. 여유가 있어야 즐기면서 배울 수 있다. 그리고 엉덩이 힘과 집중력을 키워놓아야 상위 학년으로 올라갈 때 자기 주도적으로 학습을 할 수 있다.

4

소통·수행·내신·수능,
네 마리 토끼를 잡자

일석사조의 힘을 믿어라

'과연 엄마표 영어로 소통, 수행, 내신, 수능 다 해결할 수 있을까?'

충분히 가능하다. 한두 명이 아닌 수백 명의 아이를 코칭하면서 얻은 데이터이다. 기본에 충실하고 성실하게 진행하면 한 번에 해결된다. 엄마표 영어든, 학원표 영어든 성실하게 준비한 아이는 내신에서 높은 점수를 받을 수 있다. 단지 아무리 열심히 준비하고 공부했어도 시험 볼 때 유난히 긴장하는 아이는 자신의 실력보다 결과가 안 좋을 수 있다. 평소에 실력은 좋은데 결과가 안 나오는 아이는 스스로 마인드 컨트롤하면서 시험에 유연해지는 연습이 필요하다. 실수가 반복되면 이 또한 자신의 한계이자 실력으로 인정할 수밖에 없다. 이것은 아이 스스로 뛰어넘어야 할 산이다. 평소에 문제를 풀 때 실전처럼 시간을 재면서 푸는 연습을 하면 도움이 된다. 답안지를 마킹하는 시간 대략 10분을 제외하고, 35분 안에 25~30문제 정도 푸는 연습을 하라.

연습은 실전처럼! 실전은 연습처럼!

그래야 만족스러운 결과를 얻을 수 있다. 코칭하는 아이들의 경우, 시험 전에 풀어본 기출 문제나 예상 문제의 결과와 실제 시험 결과가 거의 비슷하다. 오답은 정확하게 이유를 알고 해결하고 넘어가야 유사한 문제에서 같은 실수를 반복하지 않는다. 먼저 본인이 어느 유형에 약한지 파악해야 한다. 옳은 답을 찾는 문제인데 틀린 답을 찾았는지, 옳은 것을 모두 찾아야 하는데 한 개만 골랐는지, 꼼꼼히 점검하여 반복되는 실수를 없애야 한다.

명문중 명문고에서 백점

한은이는 어학원에 다니다가 초4에 만났다. 주변 엄마들이 엄마표 영어를 강력하게 추천했다며 찾아오셨다. 워낙 성실하고 스스로 할 일을 책임감 있게 하는 아이였다. 엄마는 진행하면서도 엄마표 영어에 대한 확신이 없어서 계속 불안해했다. 이렇게만 해도 되느냐고 여러 번 물었

대치동을 이기는 엄마표 영어

고 그럴 때마다 나는 자신 있게 대답했다. 이렇게만 하면 된다고…….

그렇게 한은이는 차곡차곡 영어 실력을 쌓아갔고 6학년 겨울에 수능 영어 1등급이 나왔다. 거기에다 입학하기 어려운 화산중에 합격까지 했다. 나와 만난 지 2년 만에 이루어낸 성과였다. 아이가 성실하게 잘 따라왔고 인지능력이 빠르고 공부에 욕심도 많은 아이였기 때문에 가능했던 일이다. 그리고 영어 내신 받기가 어려운 화산중에서 이번에 100점을 받았다는 소식을 들었다.

둘째는 초4부터 중학교까지 엄마표 영어에 집중했고 화성고에 입학했다. 화성고는 중학교 때 전교권이던 아이들이 많아서 영어 실력이 대부분 우수하다. 영어 모의고사 1등급 비율이 전교생의 50%가 넘는다. 전교생의 반 이상이 이미 영어 1등급의 실력이다. 그렇기 때문에 영어 내신에서 변별을 하기 위해서는 시험이 어려울 수밖에 없다. 둘째는 그 어려운 지필 평가에서 백점을 맞기도 했다. 그리고 수행 평가가 원서를 읽고 독후 감상문 쓰기였는데 고등의 빡빡한 일정에 원서를 따로 시간 내서 읽는 것은 사실 쉽지 않다. 이럴 때 꾸준히 원서를 읽은 것이 도움이 많이 되었다. 엄마표 영어의 힘은 중등부터 서서히 빛이 나기 시작해서 고등으로 갈수록 더욱 빛이 난다.

수행, 특별히 준비하지 않아도 된다

현재 영어 수행 평가와 지필 평가의 비율은 40:60 또는 50:50 정도이다. 지필에서 100점을 받아도 수행에서 낮은 점수를 받으면 결과적으로 A(90점 이상)를 받지 못한다. 수행은 듣기 평가(1, 2학기 한 번씩)와 스피킹, 리딩, 라이팅 즉, 듣기, 말하기, 읽기, 쓰기로 평가한다. 엄마표 영어로 실력을 쌓아온 아이는 수행에서 강하고 내가 지도한 아이들은 최고 점수를 받는다. 당연한 결과이다. 평소에 듣고 말하고 읽고 쓰는 과정을 꾸준히 했기 때문에 특별히 수행을 준비하지 않아도 편하게 본다. 앞으로 수행의 비율은 더 높아질 것이고 엄마표 영어는 더 이상 선택이 아닌 필수이다.

수능 영어 1등급, 어렵지 않다!

초등 고학년이나 중학생 중에 수능 1등급이 나오는 경우가 있다. 수능 영어는 70분 안에 듣기 17문항, 독해 28문항(어법 1문항 정도), 총 45문항을 풀어야 한다. 예전보다 듣기의 비중이 커졌고 잘 들려야 17문항을 실수 없이 풀 수 있다. 듣기의 속도가 빨라졌고 빠른 속도를 알아듣는 영어 귀는 하루아침에 생기지 않는다. 평소에 다양하게 원서를 읽고 영상을 시청하며 기본기를 탄탄하게 다진 아이는 큰 어려움 없이 풀 수 있다. 수능은 결국 시간 싸움이다. 듣기 25분, 답안지 마킹 5분을 제외하면 독해 1문항에 쓸 수 있는 시간이 대략 2분 남짓이다. 영어 지문이 한국어 지문 읽는 속도로 읽혀야 한다는 뜻이다.

[수능 1등급 비율]

2019년	2020년	2021년	2022년	2023년	2024년
5.3%	7.43%	12.66%	6.25%	7.83%	4.71%

2024 수능 영어 1등급 비율이 4%대로 저조했다. 이번에 수능을 치른 아이들의 반응은 극명히 갈린다. 평소에 원서를 많이 읽은 친구들은 어렵지 않았다고 하고 그렇지 않은 친구들은 어려웠다고 한다. 주변에 수능을 치른 아이들에게 물어본 답변이라 수치화할 수는 없지만 참고는 가능하다. 상위권 아이가 등급이 잘 나오지 않아 원하는 대학에 못 가는 상황이 발생하기도 했다.

3년 내내 열공(열심히 공부)했는데 영어가 발목을 잡을 줄 누가 알았을까? 준비된 자는 우연한 상황에서 기회를 잡는다. 2024 수능에서 의대를 생각해본 적이 없었는데 수능을 너무 잘 보는 바람에 의대에 합격한 지인의 아들이 있다. 영어는 물론 1등급이고 1등급의 비밀은 평소에 틈틈이 읽은 원서였다.

영어 유치원부터 고3까지 사교육을 받아도 수능 영어 1등급의 벽은 여전히 높다. 비효율적인 방법으로 날려버리는 무수한 시간과 돈이 얼마나 큰 낭비인가? 원서를 읽으면 영어식으로 사고하게 된다. 글의 맥락을 이해하고 긴 호흡의 글을 읽으면서 생긴 문해력은 난이도 있는 시험에서 함정에 빠지지 않고 매력적인 오답을 구분해낼 수 있는 힘이 된다.

고등으로 올라갈수록 영어 독해 지문이 길어지고 어려워지는데 결국 영어도 문해력과 독해력이 받쳐주어야 한다. 그래야 내신과 수능에서 흔들리지 않는다.

수능 독해에서 단순 지문 이해가 아닌 빈칸 추론, 글의 순서 파악, 주제 찾기 등의 문제 유형에 대비하려면 일상생활과 관련된 소재를 비롯해서 다양한 분야의 글을 읽고 제시된 정보를 정확하게 파악하는 능력을 키워야 한다. 평소에 원서를 읽으며 의미를 유추하는 힘을 키워 지문을 읽으면서 동시에 내용을 파악하고 문제를 풀 수 있기 때문에 엄마표 영어를 한 아이는 수능에서 절대적으로 유리한 입장에 놓인다.

WINNING ENGLISH

———

"당신이 멈추지 않는 한

얼마나 천천히 가는지는

문제가 되지 않는다."

- 공자

메타 인지와
자기 주도 학습의 끝판왕

자기 주도로 메타 인지를 키워라

사교육 의존도가 높으면 스스로 계획하고 부족한 부분을 찾아서 공부하는 힘이 부족하다. 메타 인지 능력은 자신이 무엇을 알고 무엇을 모르는지 인지하는 능력이다. 그리고 스스로 문제점을 찾아 해결하고 보완하는 것까지 일컫는다.

상위권 학생 : 답안지를 가리고 문제풀이 → 정답 확인 → 보충 학습 →

　　　　　　　 문제풀이

중위권 학생 : 답안지를 가리고 문제풀이 → 정답 확인

하위권 학생 : 답안지와 시험지를 동시에 보고 안다고 착각하고 넘어가기

위처럼 상위권, 중위권, 하위권 학생들이 문제를 풀 때 특징이 있다고

한다. 결국 메타 인지가 높으면 공부를 잘한다는 것이다. 메타 인지 능력을 키우는 방법은 선생님 놀이, 즉, 말로 설명해 보기이다. 말로 직접 설명해 보면 자신이 알고 있는 지식들이 인과 관계를 그리면서 정리가 된다. 화이트보드에다 개념 설명해 보기, 핵심 단어 뽑아보기, 내용 요약해 보기, 마인드맵 그려 보기, 이해가 안 되고 어려운 부분 위주로 스스로 문제 내보기가 도움이 된다. 말을 하거나 입력한 것을 출력하는 행위는 오래 기억에 남는다. 강의를 듣고 24시간이 흐른 뒤에 강의만 들은 경우는 5% 기억하고, 직접 설명해 본 경우는 90%를 기억한다고 한다. 엄청난 차이다.

남이 만들어 준 계획대로 수동적으로 끌려가면 학습의 흥미도도 낮고 몰입도도 현저히 떨어진다. 하고 싶은 것을 스스로 계획하고 이루어가는 과정을 통해 성취감과 보람을 느껴야 만족스러운 결과를 낼 수 있다. 사람은 스스로 해냈을 때 보람을 느끼고 성취감을 느낀다. 누군가가 시험 문제를 뽑아주고 그냥 암기해서 시험을 보는 아이와 스스로 중요하다고 생각하는 부분을 정리하고 어떤 문제가 나올지 예측해보고 출제자의 의도까지 꿰뚫어보는 아이 중 누가 공부를 잘할 수 있을까?

자기 주도 학습 습관, 덤으로 가져가라

  엄마표 영어는 엄마가 환경 조성을 해주기 때문에 엄마표 영어라 칭할 뿐 아이 주도로 이루어지는 것이다. 요즘 아이표라는 말도 나오는데 아이 마음대로 진행하면 산으로 갈 수 있다. 아이 주도이지만 엄마가 중심을 잡고 가야 한다. 아이가 좋아한다고 매일 피자, 라면만 먹이면 탈이 나듯 학습도 건강식으로 챙겨주어야 한다. 건강한 학습이 답이다. 무조건 엄마 주도로 이루어지는 엄마표 영어는 오래가지 못한다. 흥미도 떨어지지만 자칫하면 아이의 속도를 무시당한 채 엄마의 속도대로 끌려갈 수 있다. 아이는 성취감과 보람을 느낄 틈도 없이 '왜 이렇게 힘들게 해야 하지?' 엄마가 시켜서 억지로 하는 과정은 효과가 미비하고 즐겁지 않다.

  엄마표 영어를 통해 덤으로 얻어지는 것은 자기 주도 학습 습관이다. 어느 시간에, 얼마만큼, 진행할 것인지 스스로 정하고 실천하면서 자연스럽게 생긴다. 엄마는 등 두드려주며 응원만 해주면 된다. 부족해 보이고 엄마 성에 차지 않아도 아이의 그릇이 커지기를 기다려야 한다. 아이 스스로 많은 것을 담아낼 큰 그릇을 만드는 동안 말이다. 그래야 스스로 성장한다. 엄마의 역할은 긍정적인 추임새 넣어 주기이다. 옆에서 관심을 가지고 지켜보다가 아이가 도움을 필요로 할 때 도와주면 된다.

대치동을 이기는 엄마표 영어

미리 나서서 도와주거나 무관심하거나 둘 다 좋은 방법이 아니다. 모든 언어가 그렇듯 영어는 사선이나 수직으로 급성장하지 않고 계단식으로 차근차근 성장한다. 수직 성장시키려고 하면 탈만 나고 그나마 성장하던 실력도 멈추고 만다. 키를 키우고 싶다고 비타민을 2~3배 먹여도 갑자기 크지 않는다. 오히려 몸에 독이 되고 악영향을 끼친다. 영어와 키의 공통점은 꾸준히 채우면 훌쩍 성장하는 시기가 온다는 것이다. 갑자기 훌쩍 크는 경우는 꾸준히 운동하고 영양분을 섭취하고 일찍 자며 무던히 노력한 결과이다. 노력하지 않고 결과를 기다리는 것은 마치 부자가 되고 싶은데 일하지 않고 복권 맞기를 기다리는 것과 같다. 세상에 요행은 흔하지 않다. 스스로 노력해서 얻은 정직한 대가야말로 값지다.

엄마의 관심과 자기 주도 학습 습관은 아주 밀접한 관계가 있다. 자기 주도 학습 습관을 키우려면 엄마의 노력과 세심한 관심이 필요하다. 믿어주는 부모와 스스로 계획을 세워 실천하는 아이가 만나서 좋은 습관이 형성된다. 엄마는 아이가 스스로를 믿을 수 있게 긍정적인 피드백을 지속적으로 주는 것이 필요하다.

무조건 아이의 응원군이 되어라

"네가 그만큼 할 수 있다고?"

"그건 너무 적잖아. 수정이는 하루에 5장씩 푼다는데."

"도건이는 심화 과정 끝났다는데, 넌 언제 들어갈래?"

비교하고 불안감을 주는 부모 밑에서 자란 아이는 완전한 자기 주도 학습을 완성시킬 수 없다. 진행하면서도 스스로를 의심하고 '과연 이렇게 해서 가능할까?' 불안하고 자신을 못 믿는다. 아이가 하겠다고 하면 일단 믿어주자.

"어떤 부분이 부족했던 것 같니?"

"엄마가 도와줄 부분이 있을까?"

"우리 같이 방법을 찾아보자."

한 발 뒤로 물러서서 기다리는 지혜와 시간이 필요하다. 결과를 보고 부족하면 그때 방법을 같이 찾아보고 도움을 주면 된다. 완전한 자기 주도 학습을 위해 아이도 훈련과 시행착오의 시간이 필요하다. 기본이 탄탄하지 않으면 높은 탑을 쌓을 수 없다. 꼭대기에 오르려면 아래층부터

한 층 한 층 쌓아 올라가는 다지기의 시간이 필요하다. 스스로 공부하다 오류가 생기면 그때 조언해주면 된다.

"이럴 때 어떻게 해요?"
"글쎄, 어떻게 하면 좋을까?"
"엄마는 예전에 이렇게 했더니 효과가 좋더라."

이런 식의 접근이 좋다. 앞에서 끄는 것이 아니라 뒤에서 방향이 틀어지지 않게 지켜보면 된다. 결국 아이는 스스로 삶을 개척해서 살아야 하고 매순간 도와줄 수 없다. 아이가 살다 보면 실패하고 좌절할 때도 있다. 이때 격려해주고 다시 일어설 수 있는 힘과 용기를 주는 것이 부모이다. 실패하고 좌절한 아이를 더 아프게 하고 상처를 주는 부모는 자격 미달이다. 시험을 못 봐서 시무룩해 있는 아이에게 비난이나 인신공격성 발언을 하는 것은 아이를 지하 밑으로 떨어뜨리는 것이다.

'시험이 뭐 그리 중요하다고 아이의 마음을 그렇게 아프게 할까?'

부모는 어떤 경우에도 아이 편이어야 한다. 물론 반복적인 실수는 잡아주어야 한다. 틀린 문제를 풀며 부족한 부분을 해결해가는 것도 성장에 필요한 과정이다. 열심히 노력했는데 결과가 안 좋으면 과정의 성실함을 칭찬해주어야 한다. 노력해도 결과가 안 좋으면 아이는 더 이상 노력하지 않으려 할 수 있다.

"잘했어. 조금만 더 노력해보자."

"저번보다 성장했네. 노력해서 얻은 값진 결과야."

"어떤 일이든 한 번에 이루기는 쉽지 않아."

"어제보다 오늘 성장하면 되는 거야."

"충분히 잘하고 있어. 힘내!"

아이는 주저앉으려고 하다가 부모의 응원에 힘입어 힘들어도 다시 힘을 낸다. 성적이 오르지 않아도 행복하다. 오늘도 성장하면 그만이다.

대치동을 이기는 엄마표 영어

WINNING ENGLISH

"내가 성공을 했다면

이것은 오직 천사와 같은

어머니의 지지와 격려 덕분이다 ."

- 에이브러햄 링컨

엄마표 영어 성공 Checklist

Q1. 글로벌 리더를 꿈꾸어 보세요.

우리 아이가 글로벌 리더가 되기 위해 노력하고 준비해야 할 것이 무엇인지 3가지만 적어보세요.

1

2

3

엄마표 영어 성공 Checklist

Q2. 우리 아이가 가장 사랑스러웠을 때가 언제였는지 적어보세요.

나의 마음을 뭉클하게 했던 순간을 적어보세요.

미래의 아이들은 이상적인 교육 시스템 안에서

협업과 이타심을 가지고 서로 배려하며

인성과 감성을 겸비한, 그리고 인공 지능을 능가하는

창의적이고 상상력이 풍부한 아이로 성장했으면 좋겠다.

리딩

미미킹

스피킹

연따

* 각 QR을 스캔하면 엄마표 영어를 통해 실력이 향상된 아이들의 영어를 들어보실 수 있습니다. 이제 이어지는 부록의 자료를 활용하여, 엄마표 영어를 시작해보세요!

부록

1) 단계별 인기 DVD와 원서 추천
2) 엄마표 영어 성공 체크리스트(GRIT 테스트)

WINNING ENGLISH

단계별 인기 DVD

초급을 위한 DVD

: 속도가 느리고 단어(어휘)와 표현이 쉬워서 시작 단계에서 보기 적합하다.

고 디에고 고

고양이 탐정 허클

그래비티 폴즈

꼬마과학자 시드

꼬마의사 맥스터핀스

꾸러기 상상 여행

도라 디 익스플로러

루시의 꿈나라 이야기

리틀 베어

리틀 프린세스

마샤와 곰

마이 리틀 포니

말하는 강아지 마사

맥스 앤 루비

미니 특공대

미스 스파이더와
개구쟁이들

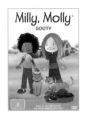

밀리 몰리

바다탐험대 옥토넛

바바파파

밥 더 빌더

버블 구피

베렌스타인 베어스

벤과 홀리의 리틀 킹덤

브레드 이발소

블루이

사라 앤 덕

소닉붐

소피아

쉬머 앤 샤인

슈퍼 와이

슈퍼 윙스

슈퍼 잭

대치동을 이기는 엄마표 영어

스텔라 앤 샘

스트로베리 쇼트케이크

시크릿 쥬쥬

안젤리나 발레리나

엄마 까투리

엘로이즈

엘리노어는 궁금해

올리비아

저스틴의 시간탐험대

찰리와 롤라

초능력 특공대

출동 소방관 샘

캐치 티니핑

큐리어스 조지

클로이의 요술옷장

클리포드 퍼피 데이즈

키드에켓

키퍼

탑윙

투피와 비누

티모시네 유치원

티시 태시

파워 퍼프 걸

파자마 삼총사
(PJ마스크)

퍼피 구조대

페파피그

프래니의 마법 구두

피터래빗(10종)

피터팬(20종)

해리와 공룡친구들

호기심 대장 삐악이

44 Cats

중급을 위한 DVD

: 영어 귀가 어느 정도 트여서 조금 빠른 속도로 볼 수 있는 단계에서 적합하다.

가필드 쇼

개구쟁이 스머프

내 친구 아서

드래곤 볼

레고 닌자고

레고 프렌즈

리나는 뱀파이어

매직 스쿨 버스

몬스터 호텔

미라큘러스
(레이디버그)

미스터 맨과
리틀 미스

발명왕 에디슨의
비밀실험실

뱀파이어 소녀 모나

벤텐(BEN10)

산적의 딸 로냐

스폰지밥

스피릿

아바타(아앙의 전설)

와일드 크래츠

워드 걸

웨이사이드 스쿨

위 베어 베어스

제로니모의 모험

코라의 전설

틴 타이탄 고

퍼피독 친구들

포켓몬스터(썬앤문)

피니와 퍼브

하늘에서 음식이
내린다면

형사 가제트

호기심 소녀 도트

호리드 헨리

대치동을 이기는 엄마표 영어

고급을 위한 DVD

: 애니메이션 - 전문 성우가 녹음해서 발음이 정확하다.
영화(실사)보다는 느려서 영화 보기 전에 보기 적합하다.

가디언즈

겨울왕국

천공의 성 라퓨타

꿀벌 대소동

넛 잡

니모를 찾아서

도리를 찾아서

드래곤 길들이기

드림 쏭

라따뚜이

라야와 마지막 드래곤

라이온 킹

라푼젤

랭고

리오

마녀 배달부 키키

마다가스카

마다가스카의 펭귄

마이펫의 이중생활

메가 마인드

메이의 새빨간 비밀

모아나

몬스터 대학교

몬스터 호텔

미녀와 야수

미니언즈

Leap!

배드 가이즈

벼랑 위의 포뇨

보스 베이비

빅 히어로

샤크 테일

대치동을 이기는 엄마표 영어

센과 치히로의
행방불명

소울(Soul)

슈렉

스머프: 비밀의 숲

씽

씽2게더

알라딘

업(UP)

엔칸토

올라프의 겨울왕국
어드벤처

이모티: 더 무비

이웃집 토토로

인사이드 아웃

인어공주

인크레더블

장화신은 고양이

주먹왕 랄프

주토피아

천재 강아지
미스터 피바디

캡틴 언더팬츠

코코

쿵푸팬더

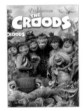

크루즈 패밀리

토이 스토리

트롤

트롤헌터:
라이즈 오브 타이탄

트롤헌터:
아카디아의 전설

포카혼타스

플레이모빌: 더 무비

하늘에서 음식이
내린다면

하울의 움직이는 성

홈(Home)

대치동을 이기는 엄마표 영어

읽어보면 좋은 원서

읽어보면 좋은 원서

AR 지수란? K~12 레벨로 구분되며, 예를 들어 2.3이면 미국 현지 기준 초등학교 2학년 3개월 아이가 읽기에 적합한 도서를 의미한다

Elephant & Piggie
동물, 유머
AR 0.5~1.4

The Pigeon
동물, 유머
AR 0.7~1.5

Fly Guy and Buzz Deluxe
동물, 유머
AR 1.3~2.0

Little Critter
가족, 일상
AR 1.3~2.5

Arthur Starter
가족, 학교
AR 1.5~2.2

Froggy
일상, 학교, 성장
AR 1.8~2.6

Arthur Adventure
가족, 자아, 우정
AR 2.2~3.2

Mr.putter&Tabby
동물, 일상
AR 1.9~3.5

Henry and Mudge
동물, 일상
AR 2.1~2.9

Nate the Great
추리, 미스터리
AR 2.0~3.2

Junie b, Jones
선생님, 친구
AR 2.6~3.1

Magic Tree House
모험, 판타지
AR 2.6~3.5

Owl Diaries
성장, 우정, 학교
AR 2.7~3.2

Marvin Redpost
성장, 우정
AR 2.7~3.6

Horrid Henry
유머, 재미
AR 2.9~3.7

The Zack Files
유머, 재미
AR 2.7~3.9

대치동을 이기는 엄마표 영어

부록 1

Dirty Bertie
유머, 재미

Dragon Masters
모험, 판타지

A to Z Mysteries
추리, 미스터리

Geronimo Stilton
유머, 재미

The Storey Treehouse
유머, 재미

My Weird School
유머, 학교

Amelia Bedelia
가족, 유머

Percy Jackson
모험, 판타지

Franny K. Stein
과학, 수학

The 39 Clues
모험, 판타지

Dork Diaries
학교, 유머

Captain Underpants
유머, 재미

Roald Dahl
유머, 재미

Diary of a Wimpy kid
유머, 재미

Andrew Clements' School Stories
학교, 친구

Harry Potter
모험, 판타지

국제 학교 필독서 및 추천 도서

WINNING ENGLISH

국제 학교 필독서 및 추천 도서

El Deafo Newbery Honor
아마존, 뉴욕타임스 베스트셀러

Owl Moon
Newbery Medal 수상

Roller Girl
Newbery Honor 수상

The One and Only Ivan
Newbery Medal 수상

The Gardener
Caldecott Honor 수상

When You Trap a Tiger
Newbery Medal 수상

Out of My Mind
뉴욕 타임즈 베스트셀러

Charlotte's Web
Newbery Honor 수상

Pictures of Hollis Woods
Newbery Honor 수상

Number the Stars
Newbery Medal 수상

When You Reach Me
Newbery Medal 수상

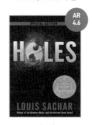

HOLES
Newbery Medal 수상

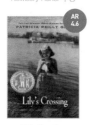

Lily's Crossing
Newbery Honor 수상

Maniac Magee
미국교사협회 100대 추천 도서

A Wrinkle in Time
Newbery Medal 수상

Flipped
청소년 로맨틱 코미디 소설

국제 학교 필독서 및 추천 도서

Wonder
뉴욕타임스 베스트셀러

Inside Out and Back Again
청소년 문학상 수상

Dear Mr, Henshaw
Newbery Medal 수상

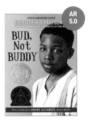
Bud, Not Buddy
Newbery Medal 수상

Swamp Angel
Caldecott Honor 수상

Walk Two Moons
Newbery Medal 수상

The Old Man and The Sea
노벨 문학상 수상

HOOT
Newbery Honor 수상

The Westing Game
Newbery Medal 수상

To Kill a Mockingbird
퓰리처상 수상

Jacob Have I Loved
Newbery Medal 수상

Hatchet
Newbery Honor 수상

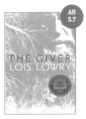
The Giver
Newbery Medal 수상

Everything on a Waffle
Newbery Honor 수상

Ginger Pye
Newbery Medal 수상

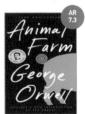
Animal Farm
최고의 영어 소설 100선

대치동을 이기는 엄마표 영어

GRIT 테스트

WINNING ENGLISH

나의 GRIT 테스트

	전혀 그렇지 않다	그렇지 않다	그런 편이다	그렇다	매우 그렇다
1. 나는 새로운 아이디어와 프로젝트 때문에 기존의 것에 소홀해진 적이 있다.	5	4	3	2	1
2. 나는 실패해도 실망하지 않는다. 나는 쉽게 포기하지 않는다.	1	2	3	4	5
3. 나는 한 가지 목표를 세워놓고 다른 목표를 추구한 적이 종종 있다.	5	4	3	2	1
4. 나는 노력가다.	1	2	3	4	5
5. 나는 몇 개월 이상 걸리는 일에 계속 집중하기 힘들다.	5	4	3	2	1
6. 나는 뭐든 시작한 일은 반드시 끝낸다.	1	2	3	4	5
7. 나의 관심사는 해마다 바뀐다.	5	4	3	2	1
8. 나는 성실하다. 나는 결코 포기하지 않는다.	1	2	3	4	5
9. 나는 어떤 아이디어나 프로젝트에 잠시 사로잡혔다가 얼마 후에 관심을 잃은 적이 있다.	5	4	3	2	1
10. 나는 좌절을 딛고 중요한 도전에 성공한 적이 있다.	1	2	3	4	5

* 1~10번까지 질문의 답을 모두 더한 후에 10으로 나누면 나의 점수가 된다.

대치동을 이기는 엄마표 영어

나의 GRIT 결과

백분위수	GRIT 점수
10%	2.5
20%	3.0
30%	3.3
40%	3.5
50%	3.8
60%	3.9
70%	4.1
80%	4.3
90%	4.5
95%	4.7
99%	4.9

* GRIT 점수가 5에 가까울수록 무엇이든 끝까지 해낼 확률이 높다.

영어 고민에 빠진
모든 이들에게 한 줄기 빛을!

오늘도 영어 고민에 빠진 모든 부모에게 한 줄기 빛이고 싶다. 오늘도 영어로 고생하는 아이에게 참 스승이고 싶다. 어느새 엄마표 영어와 함께 나란히 나이 들어가며 같이 무르익어 가고 있다.

가르치는 일은 나에게 주어진 숙명 같다. 아이나 어른이나 만나면 힘이 난다. 아이는 순수하고 따르기 때문에 행복하고 어른은 의지하고 믿어주기 때문에 행복하다. 누군가에게 보탬이 되고 힘이 된다는 것은 참 행복한 일이다.

'세상은 변했는데 왜 영어 교육은 몇십 년 전 그대로일까?'

교육 정책과 공교육이 변화되어야 우리 아이들이 시간과 에너지를 낭비하지 않고 살아 있는 진짜 영어를 배울 수 있다. 부모는 우리 아이들이 앞으로 살아갈 미래를 준비할 수 있게 도와주어야 한다.

이제 더 이상 의사소통이 안 되는 죽은 영어, 배우지 말라!

요즘 인기 스타 강사, 영문과 교수, 영어 박사 모두가 엄마표 영어를 강조한다. 그만큼 엄마표 영어가 중요하고 그 효과가 증명되었다는 뜻이다. 코칭을 받는 영어 학원 원장님도 효과를 알게 되면서 아이들에게 DVD와 원서를 대여해준다. 전문가들이 한목소리를 내는 데에는 이유가 있다.

"아직도 엄마표 영어가 망설여지나요?"

그동안 수많은 아이와 부모를 만났다. 웃고 행복한 날도 있었지만 힘들고 슬픈 날도 있었다.

감사하다는 인사와 덕분에 아이의 꿈이 생겼다고 하는 순간,
행복하다.
영어가 재미있다고, 덕분에 성적이 잘 나왔다고 기뻐하는 순간,
행복하다.

아이와 씨름하고 요지부동 변하지 않는 부모를 보면,

답답하다.

아이의 단점만 보고 장점을 놓치는 부모를 마주하면,

먹먹하다.

세상에는 참 다양한 부모와 아이가 있다.

하루에도 웃고, 울고, 마음이 행복했다. 먹먹했다 한다. 따뜻한 부모 밑에서 성장한 아이는 따뜻하고 정감이 넘친다. 냉랭한 부모 밑에서 성장한 아이는 불안하고 산만하다. 아이를 만나면 부모의 모습이 그대로 투영되어 보인다.

아이들과 미팅을 하면 장점이 보인다. 내 눈에는 하나같이 예쁘고 사랑스럽다.

'부모 눈에는 어쩜 그렇게 불만투성이 아이일까?'

참 아이러니하다. 부모의 아이를 바라보는 시선 바꾸기가 절실하다. 옆집 아이보다 우리 아이가 앞서야 하고 완벽하기를 바라는 강박이 아이를 병들게 한다. 실제로 아픈 아이를 마주할 때면 마음이 아리다. 요즘 마음이 아픈 아이들이 참 많다.

　　　　　　　　대치동을 이기는 엄마표 영어

아이와 부모의 관계 그리고 부모의 욕심과 조급함 버리기.

내가 코칭할 때마다 목 놓아 강조하는 이유는 아이와 부모 모두 행복하기를 바라기 때문이다. 영어는 단지 소통의 수단에 불과하다. 영어 자체가 목적이 되어서는 안 된다. 옳은 방법과 올바른 방향으로 한 걸음씩 나아가면 된다. 모국어도 5년 이상 아니 그 이상 투자해야 유창하게 구사할 수 있다. 영어 정복 그리 어렵지 않다. 한국어 배우기가 영어보다 훨씬 까다롭고 어렵다.

'한국어도 정복한 똑똑한 아이가 영어 정복을 못 할 리가 있을까?'

어렵고 힘들다고 생각하면 어렵고 힘든 일이다. 할 수 있다고 생각하고 집중하면 할 수 있다. 집중하다 보면 가능성이 보인다.

'세상의 모든 아이는 언어 천재이기 때문이다.'

소중한 아이들이 글로벌 시대의 영어 인재로 성장하여 세계를 무대로 자신의 꿈을 마음껏 펼치기를 희망한다. 아이들이 영어 때문에 더 이상 고생하지 않았으면 좋겠다. 나는 부모와 아이 모두에게 의미 있는 일을 하고 있다는 자부심으로 오늘도 집중한다.

낳아서 예쁘게 키워주신 사랑하는 엄마.

책 집필에 용기를 준 든든한 지원군 남편.

자신의 꿈을 향해 오늘도 열심인 사랑하는 딸.

내 삶의 비타민 같은 존재, 자랑스러운 아들.

그리고 매일의 힘을 주시는 하늘의 그분께.

이 글을 바칩니다.

2024년, 햇살이 눈부신 7월

원희정

참고문헌

『조승연처럼 7개 국어 하는 아이로 키우는 법』, 이정숙 저, 한솔수북.
『GRIT(그릿)』, 앤절라 더크워스 저, 김미정 역, 비즈니스북스.
『열두 발자국』, 정재승 저, 어크로스.
『12세 전에 완성하는 뇌 과학 독서법』, 김대식 저, 비룡소.
『크라센의 읽기 혁명』, 스티븐 크라센 저, 조경숙 역, 르네상스.
『언어에 대한 지식』, 노암 촘스키 저, 이선우 역, 민음사.
『아웃라이어』, 말콤 글래드웰 저, 노정태 역, 김영사.

대치동을 이기는 엄마표 영어